이 책의 구성

도입부

핵심 문형 한눈에 미리 보기

독해 지문에 사용된 문형 중에서 꼭 알아두어야 할 핵심 문형만을 학습하기 전에 미리 보여주어 지문의 내용을 이해하기 쉽습니다.

지문 읽기　　**독해 학습**

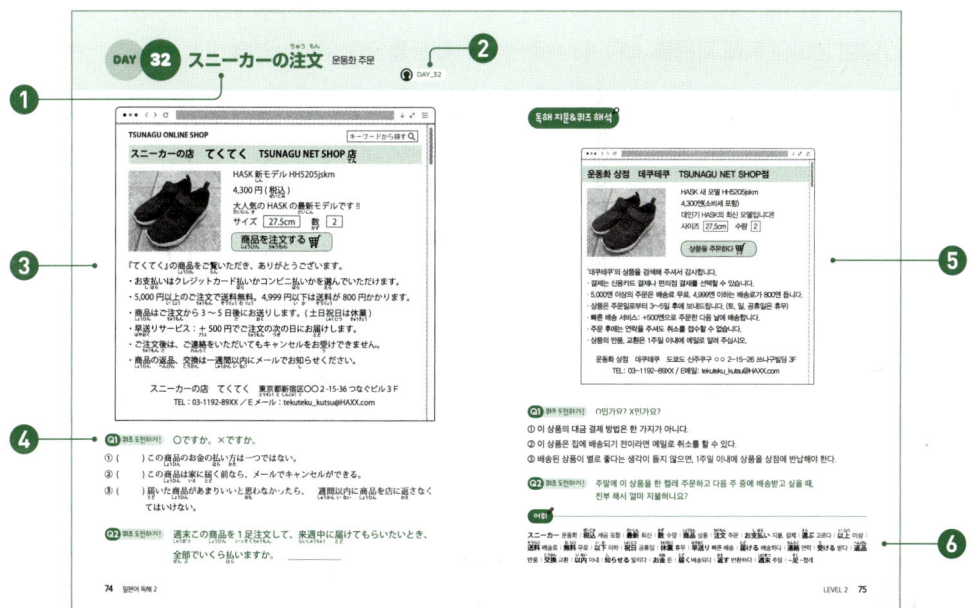

❶ **지문의 일본어/한국어 제목**　　독해 학습을 시작하기 전에 지문의 내용을 쉽게 파악할 수 있도록 일본어 제목과 한국어 제목을 함께 제시했습니다.

❷ **지문의 음원MP3**　　일본 현지에서 제작한 음원을 통해 생생한 일본어를 들을 수 있습니다.

❸ **독해 지문**　　다양한 생활 속 테마의 쉽고 재미있는 내용으로 구성했습니다.

❹ **퀴즈 도전하기**　　지문 내용에 관한 이해도를 체크해 볼 수 있는 퀴즈를 실었습니다.

❺ **지문/퀴즈 도전하기 해석**　　독해 학습에 도움이 되는 우리말 해석을 함께 제시했습니다.

❻ **지문/퀴즈 도전하기 어휘**　　지문은 물론이고 퀴즈에 사용된 어휘까지 빠짐없이 정리했습니다.

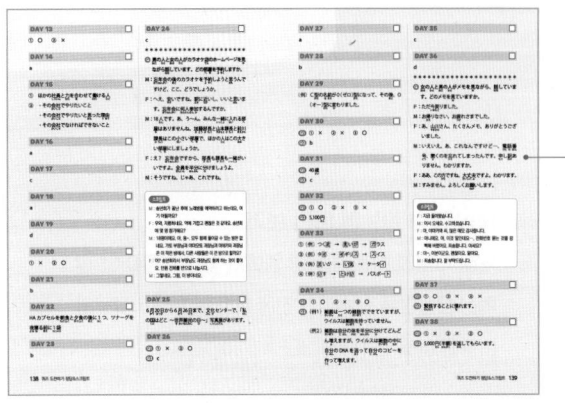

퀴즈 도전하기 정답&스크립트
퀴즈 도전하기의 정답과 함께 독해 음원의 일본어 스크립트와 우리말 해석을 함께 실었습니다.

이 책의 특징

- **특징 1** 편지, 이메일, 안내문, 인터넷 쇼핑 등의 생활 속 지문으로 흥미롭게 공부할 수 있습니다.
- **특징 2** 다양한 분야의 독해 지문을 JLPT N3 수준의 어휘와 문형으로 구성하였습니다.
- **특징 3** 독해 지문의 난이도를 총 3단계의 레벨로 구성하여 부담 없는 독해 공부를 할 수 있습니다.

학습 부가 자료

꼼꼼한 독해 학습을 위해 다양하고 알찬 학습 부가 자료를 무료 다운로드로 제공합니다. (단, 해설 강의 동영상은 유료)
모든 자료는 시원스쿨 일본어 홈페이지(Japan.siwonschool.com)의 수강 신청 > 교재/MP3에서 다운로드 받을 수 있습니다.

❶ MP3파일
일본 현지에서 제작한 독해 지문 음원

❷ PDF파일
- 어휘   어휘 카드 / 독해가 술술 어휘 셀프 체크리스트
- 문형   문형 카드 / 포인트만 쏙쏙 문형 셀프 체크리스트

❸ 동영상
DAY별 독해 지문의 해설 강의 (유료)

생생한 문장으로
히라가나부터 JLPT N3까지
한 번에!

日本語 読解

일본어 **독해**

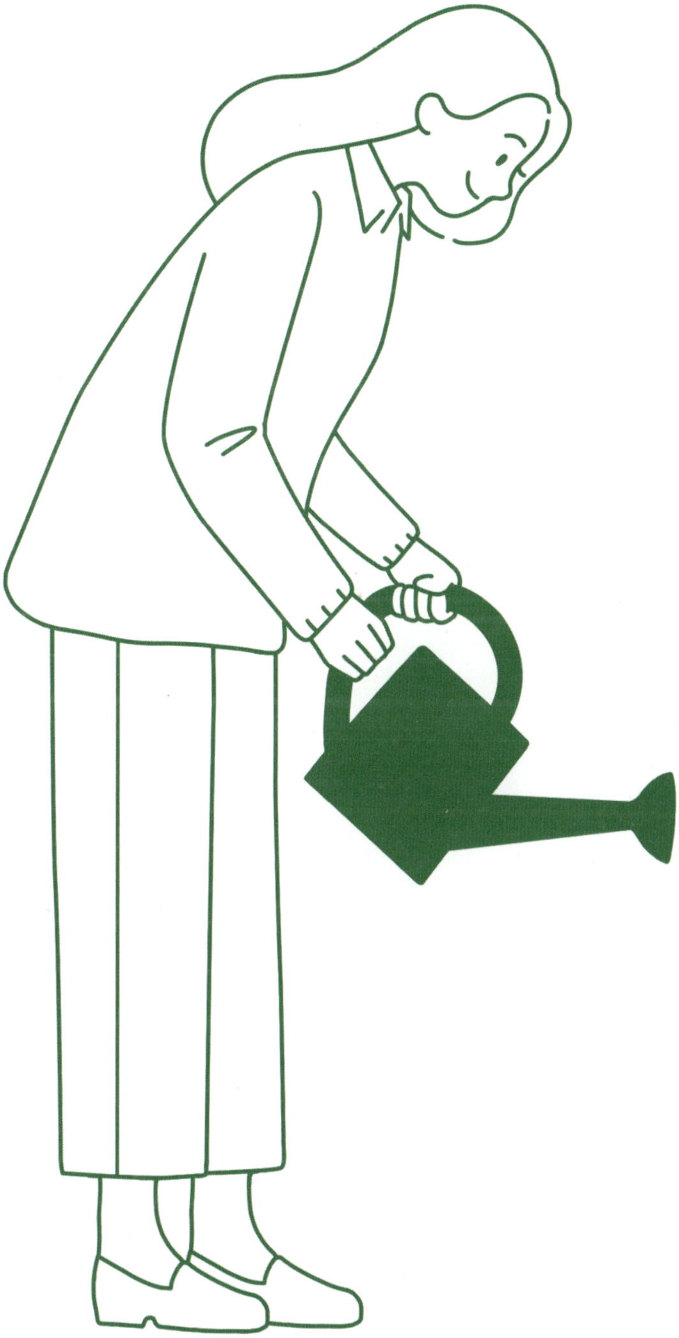

휴먼아카데미 일본어학교 지음

2

S 시원스쿨닷컴

지은이
휴먼아카데미 일본어학교   https://hajl.athuman.com/

휴먼아카데미 일본어학교는 1987년에 오사카교, 1991년에 도쿄교, 2015년에는
일본 최초 산학관 연계 일본어 교육 기관인 사가교를 개교했다.
일본어 교육 프로그램을 일본 및 아시아, 유럽 등의 해외에 제공하고 있다.
그룹 모회사인 휴먼홀딩스는 2004년 JASDAQ에 상장했다.
전일제, 직장인, 아동 로봇교실, 컬처 스쿨, 일본어, 해외 유학 등의 다채로운
교육 사업을 일본 전국의 주요 도시뿐만 아니라 해외에도 펼치고 있다.

집필
쓰지 가즈코 辻 和子   휴먼아카데미 일본어학교 도쿄교 교장
가쓰라 미호 桂 美穂   휴먼아카데미 일본어학교 도쿄교 상근 강사

사진 제공
PIXTA 외

1 日 10 分 初級からはじめる 読解 120 ©2020 Human Academy Co.,Ltd.
Originally Published in Japan by ASK Publishing Co., Ltd., Tokyo

日本語 読解
일본어 독해 2

초판 1쇄 발행 2025년 11월 28일

지은이 휴먼아카데미 일본어학교
펴낸곳 (주)에스제이더블유인터내셔널
펴낸이 양홍걸 이시원

홈페이지 www.siwonschool.com
주소 서울시 영등포구 영신로 166 시원스쿨
교재 구입 문의 02)2014-8151
고객센터 02)6409-0878

ISBN 979-11-7550-045-7 13730
Number 1-310303-31313100-02

이 책은 저작권법에 따라 보호받는 저작물이므로 무단복제와 무단전재를 금합
니다. 이 책 내용의 전부 또는 일부를 이용하려면 반드시 저작권자와 ㈜에스제
이더블유인터내셔널의 서면 동의를 받아야 합니다.

목차

LEVEL 1

☐ DAY 01	敬老会	경로회	10
☐ DAY 02	資料の渡し	자료 전달	12
☐ DAY 03	新商品イベント	신상품 이벤트	14
☐ DAY 04	スペシャルセール	특별 세일	16
☐ DAY 05	タスポニー	다스포니	18
☐ DAY 06	ゲーム	게임	20
☐ DAY 07	おすすめ商品	추천 상품	22
☐ DAY 08	私の将来	나의 장래	24
☐ DAY 09	花火大会	불꽃놀이 대회	26
☐ DAY 10	親子丼	닭고기계란덮밥	28
☐ DAY 11	不在連絡票	부재중 방문통지서	30
☐ DAY 12	入社試験	입사 시험	32
☐ DAY 13	グルメまつり	먹거리 축제	34
☐ DAY 14	悩み相談	고민 상담	36
☐ DAY 15	面接	면접	38
☐ DAY 16	車いすの人	지체 장애인	40
☐ DAY 17	台風の備え	태풍 대비	42
☐ DAY 18	忘れ物・落とし物	분실물·유실물	44
☐ DAY 19	診察の受け方	진찰 받는 법	46
☐ DAY 20	花粉症	꽃가루 알레르기	48

LEVEL ②

☐ DAY 21	商品の取り換え	상품 교환	52
☐ DAY 22	薬の説明書	약 설명서	54
☐ DAY 23	日本語レベルテスト	일본어 레벨테스트	56
☐ DAY 24	割引チラシ	할인 전단지	58
☐ DAY 25	写真展	사진전	60
☐ DAY 26	交通事故	교통사고	62
☐ DAY 27	泥棒事件	도둑 사건	64
☐ DAY 28	忘れ物	분실물	66
☐ DAY 29	血液型	혈액형	68
☐ DAY 30	ポケットティッシュ	휴대용 티슈	70
☐ DAY 31	先生への手紙	선생님께 보내는 편지	72
☐ DAY 32	スニーカーの注文	운동화 주문	74
☐ DAY 33	言葉遊び	말놀이	76
☐ DAY 34	細菌とウイルス	세균과 바이러스	78
☐ DAY 35	スポーツジム	헬스장	80
☐ DAY 36	伝言メモ	전달 메모	82
☐ DAY 37	緊張	긴장	84
☐ DAY 38	スケジュールの変更	스케줄 변경	86
☐ DAY 39	クラスの開講	강좌 개강	88
☐ DAY 40	ペットロス	펫 로스(pet loss)	90

LEVEL 3

- [ ] **DAY 41** 運動と健康 운동과 건강 … 94
- [ ] **DAY 42** SNS 情報 SNS 정보 … 96
- [ ] **DAY 43** エアコンの使い方 에어컨 사용법 … 98
- [ ] **DAY 44** 朝活 아침 활동 … 100
- [ ] **DAY 45** 八人の真ん中 8명의 한가운데 … 102
- [ ] **DAY 46** イベントのお知らせ 행사 안내 … 104
- [ ] **DAY 47** 野外コンサート 야외 콘서트 … 106
- [ ] **DAY 48** 新商品の発表 신상품 발표 … 108
- [ ] **DAY 49** 長距離バス 장거리 버스 … 110
- [ ] **DAY 50** 顔文字・絵文字 이모티콘・그림 문자 … 112
- [ ] **DAY 51** 江戸ファーストフード 에도 패스트푸드 … 114
- [ ] **DAY 52** ショッピングセンター 쇼핑센터 … 116
- [ ] **DAY 53** 心理的リアクタンス 심리적 반발심 … 118
- [ ] **DAY 54** 二匹のカエル 두 마리의 개구리 … 120
- [ ] **DAY 55** 翻訳機 번역기 … 122
- [ ] **DAY 56** 防犯カメラ 방범 카메라 … 126
- [ ] **DAY 57** ガスの点検 가스 점검 … 128
- [ ] **DAY 58** 日本初の国際人 일본 최초의 국제인 … 130
- [ ] **DAY 59** 日本料理セミナー 일본 요리 세미나 … 132
- [ ] **DAY 60** 本の紹介 도서 소개 … 134

특별 부록 퀴즈 도전하기 정답 & 스크립트 … 137

DAY 01 ~ DAY 20

비교적 짧고 간단한 안내문, 블로그, 신문 기사 등을 통해
생활 속 문형 표현을 배워 보세요!
일본어의 경어 표현도 자연스럽게 익힐 수 있어요.

핵심 문형 한눈에 미리 보기

이미 알고 있는 문형이 있는지 먼저 체크해 보세요!

핵심 문형	우리말 해석
☐ お/ご〜になります	~하십니다 [존경 표현]
☐ 〜ていただけませんか	~해 주시지 않겠습니까? [권유]
☐ 〜ていただきます	~해 주십니다
☐ お/ご〜します	~합니다 [겸양 표현]
☐ 〜たらどうですか	~하면 어떻습니까?
☐ 〜たほうがいいです	~하는 편이 좋습니다
☐ 〜ことができます	~할 수가 있습니다 [가능]
☐ 〜ないつもりです	~하지 않을 작정입니다 [결심]
☐ 〜なくてはいけません	~하지 않으면 안 됩니다 [의무]
☐ まだ 〜ていません	아직 ~하지 않았습니다
☐ 〜たら、いいですか	~하면 됩니까? [허가/허락]
☐ 〜ようにします	~하게/~하도록 합니다
☐ お〜でないA	~하지 않으신 A

DAY 01 敬老会 경로회

みどり市 NEWS

敬老会 ～これからもどうぞお元気で！

9月16日の敬老の日にみどり市ホールで敬老の日のお祝い会がありました。今年はみどり市の80歳以上の方が35人いらっしゃいました。みなさんはみどり小学校の子どもたちのダンスをごらんになった後、子どもたちといっしょにお茶とお菓子をめしあがりました。山田一男さん(82歳)は「毎年、敬老会を楽しみにしています。今日は子どもたちから元気をもらいました。うれしかったです。」とおっしゃっていました。

Q 퀴즈 도전하기! 山田さんはどうしてうれしかったのですか。　(　　)

a 敬老会が楽しかったから
b 子どもたちがお祝いしたから
c お茶とお菓子がおいしかったから
d 子どもたちにプレゼントをもらったから

독해 지문&퀴즈 해석

미도리시 NEWS 경로회~ 앞으로도 부디 건강하시기를!

9월 16일 경로의 날에 미도리시홀에서 경로의 날 축하 행사가 있었습니다. 올해는 미도리시의 80세 이상인 분이 35명 오셨습니다. 모든 분들은 미도리초등학교 아이들의 댄스를 관람하신 후에 아이들과 함께 차와 과자를 드셨습니다. 야마다 가즈오 씨(82세)는 '매년 경로회를 기대하고 있습니다. 오늘은 아이들로부터 에너지를 받았습니다. 기뻤습니다.'라고 말씀하셨습니다.

Q 퀴즈 도전하기! 야마다 씨는 왜 기뻤나요?

a 경로회가 즐거웠기 때문에
b 아이들이 축하해 주었기 때문에
c 차와 과자가 맛있었기 때문에
d 아이들에게 선물을 받았기 때문에

어휘

敬老会 경로회 | **お元気で** 건강히 | **敬老の日** 경로의 날 | **お祝い** 축하 | **~会** ~행사 | **今年** 올해 | **~歳** ~세 | **以上** 이상 | **~人** ~명 | **いらっしゃる** 오시다 | **小学校** 초등학교 | **ごらんになる[ご覧になる]** 보시다(존경어) | **~た後** ~한 후 | **お茶** 차 | **お菓子** 과자 | **めしあがる[召し上がる]** 드시다(존경어) | **毎年** 매년 | **楽しみにする** 기대하다 | **元気** 기운, 에너지 | **もらう** 받다 | **うれしい[嬉しい]** 기쁘다 | **おっしゃる** 말씀하시다(존경어) | **おいしい** 맛있다 | **プレゼント** 선물

DAY 02 資料の渡し 자료 전달

> 鈴木さん
>
> お疲れさまです。明日から３日間タイへ出張しますので、今日はお先に失礼します。すみませんが、部長が明日の午後A社での会議にご出席になるので、お出かけになる前に私の机の上にある資料をわたしていただけませんか。ご出発は1時半の予定なので、15分前にタクシーを呼んでください。よろしくお願いします。
>
> 坂井

Q 퀴즈 도전하기!

鈴木さんがすることはどれですか。

全部選んでください。（　　）

a　タイへ出張する。

b　A社での会議に出席する。

c　会議の資料をわたす。

d　１時半に出発する。

e　タクシーを呼ぶ。

독해 지문&퀴즈 해석

> 스즈키 씨
>
> 수고 많으십니다. 내일부터 3일 동안 태국으로 출장을 가기 때문에 오늘은 먼저 실례하겠습니다. 죄송합니다만, 부장님이 내일 오후 A사에서의 회의에 참석하시기 때문에, 외출하시기 전에 제 책상 위에 있는 자료를 전달해 주시지 않겠습니까? 출발은 1시 반 예정이므로 15분 전에 택시를 불러 주세요. 잘 부탁드리겠습니다.
>
> 사카이

Q 퀴즈 도전하기!

스즈키 씨가 할 일은 어느 것인가요?

전부 골라 주세요.

a 태국으로 출장을 간다.
b A사에서의 회의에 참석한다.
c 회의 자료를 건넨다.
d 1시 반에 출발한다.
e 택시를 부른다.

어휘

お疲れ様です 수고 많으십니다 | **明日** 내일 | **3日間** 3일 동안 | **タイ** 태국 | **出張する** 출장 가다 | **お先に** 먼저 | **失礼する** 실례하다 | **部長** 부장(님) | **午後** 오후 | **会議** 회의 | **出席** 출석, 참석 | **お出かけになる** 외출하시다(존경어) | **~前に** ~하기 전에 | **机** 책상 | **資料** 자료 | **わたす[渡す]** 건네다, 전달하다 | **出発** 출발 | **~時半** ~시 반 | **予定** 예정 | **タクシー** 택시 | **呼ぶ** 부르다 | **お願いします** 부탁합니다 | **全部** 전부 | **選ぶ** 고르다, 선택하다

LEVEL 1   13

DAY 03 新商品イベント 신상품 이벤트

つなぐ食品「わさびラーメン」をお買い上げいただきまして、ありがとうございました。「わさびラーメン」の味はいかがでしたでしょうか。

今、つなぐ食品のホームページのアンケートに答えていただいた方全員に、新商品「チーズラーメン」を差し上げております。私たちはお客様のご意見をいただいて、もっといい商品を作りたいと考えております。よろしくお願いいたします。

つなぐ食品【当社HP】https://www.tsunagushokuhin.com

Q 퀴즈 도전하기! 何をお願いしていますか。（　　）

a 「わさびラーメン」を買うこと
b アンケートに答えること
c 「チーズラーメン」をあげること
d もっといい商品を作ること

독해 지문&퀴즈 해석

쓰나구식품의 '고추냉이 라면'을 구매해 주셔서 감사드립니다. '고추냉이 라면'의 맛은 어떠하셨습니까?

지금 쓰나구식품 홈페이지의 앙케트에 답변해 주신 모든 분께 신상품인 '치즈 라면'을 선물로 드리고 있습니다. 저희들은 고객님의 의견을 받아서 더욱 좋은 상품을 만들려고 생각합니다. 잘 부탁드리겠습니다.

쓰나구식품 【당사 HP】 https://www.tsunagushokuhin.com

퀴즈 도전하기! 무엇을 부탁드리고 있나요?

a '고추냉이 라면'을 구매하는 것
b 앙케트에 답변하는 것
c '치즈 라면'을 선물로 드리는 것
d 더욱 좋은 상품을 만드는 것

어휘

食品 식품 | **わさび** 와사비, 고추냉이 | **ラーメン** 라면 | **お買い上げ** 구매 | **味** 맛 | **ホームページ** 홈페이지 | **アンケート** 앙케트 | **答える** 답변하다, 대답하다 | **方** 분(사람) | **全員** 전원 | **新商品** 신상품 | **チーズ** 치즈 | **差し上げる** 드리다(존경어) | **~ておる** ~하고 있다(겸양) | **私たち** 우리들 | **お客様** 손님, 고객님 | **意見** 의견 | **いただく** 받다(겸양어) | **商品** 상품 | **作る** 만들다 | **考える** 생각하다 | **お願いいたします** 부탁드립니다 | **当社** 당사

DAY 04 スペシャルセール 특별 세일

 DAY_04

TNG スポーツ　会員様(かいいんさま)　ご招待(しょうたい)

いつも TNG スポーツでお買(か)い物(もの)をしていただき、ありがとうございます。冬(ふゆ)のセールは来年1月2日(木)からですが、その前に、特別(とくべつ)なお客様(きゃくさま)だけのスペシャルセールをいたします。12月26日(木)・27日(金)の2日間、レジでこのチケットをお見せください。どの商品(しょうひん)も50%オフになります。たくさんの商品(しょうひん)をご用意(ようい)して、お客様(きゃくさま)をお待(ま)ちしています。

퀴즈 도전하기!　〇ですか。×ですか。

① (　　　) このチケットがあれば、1月2日から買(か)い物(もの)ができます。

② (　　　) このセールでは、特別(とくべつ)な商品(しょうひん)が安くなります。

③ (　　　) このチケットをもらった人は、TNG スポーツの会員(かいいん)です。

독해 지문&퀴즈 해석

TNG스포츠 회원님 초대

항상 TNG스포츠에서 구매해 주셔서 감사드립니다. 겨울 세일은 내년 1월 2일(목)부터입니다만, 그 전에 특별한 고객님만을 위한 스페셜 세일을 합니다. 12월 26일(목)·27일(금)의 2일 동안, 계산대에서 이 티켓을 보여 주십시오. 어느 상품이든지 50% 할인이 됩니다. 많은 상품을 준비하여 고객님을 기다리고 있겠습니다.

퀴즈 도전하기! O인가요? X인가요?

① 이 티켓이 있으면 1월 2일부터 쇼핑이 가능합니다.
② 이 세일에서는 특별한 상품이 저렴해집니다.
③ 이 티켓을 받은 사람은 TNG스포츠의 회원입니다.

어휘

スポーツ 스포츠 | 会員 전원 | ~様 ~분 | 招待 초대 | いつも 항상, 언제나 | お買い物 쇼핑 | 冬 겨울 | セール 세일 | 来年 내년 | その前 그 전 | 特別な 특별한 | お客様 손님, 고객님 | ~だけの ~만의 | スペシャル 스페셜 | いたす 하다(겸양어) | 2日間 2일 동안 | レジ 계산대 | チケット 티켓 | 見せる 보여주다 | 商品 상품 | オフ 오프, 할인 | 用意する 준비하다 | 待つ 기다리다

LEVEL 1   17

DAY 05 タスポニー 다스포니

ボールを使うスポーツはいろいろありますが、タスポニーを知っている人は少ないでしょう。これは1981年に日本で生まれたスポーツで、テニスとバレーボールに似ています。タスポニーのボールはバレーボールよりちょっと小さくて、とても軽くてやわらかいです。コートの真ん中のネットは、テニスと同じぐらいの高さです。やり方もテニスと同じで、相手が打ったボールを相手のコートに打ち返しますが、ラケットは使いません。とてもかんたんで安全なスポーツなので、小さい子どもからお年寄りまで、みんな楽しむことができます。

バレーボール

テニス

タスポニー

Q 퀴즈 도전하기! タスポニーはa～cのどれですか。（　　）

a

b

c

독해 지문&퀴즈 해석

공을 사용하는 스포츠는 여러가지 있습니다만, '다스포니'를 알고 있는 사람은 적을 것입니다. 이것은 1981년에 일본에서 탄생한 스포츠로, 테니스와 배구 둘다 비슷합니다. 다스포니의 공은 배구공보다 약간 작고 매우 가벼우며 부드럽습니다. 코트 중앙에 있는 네트는 테니스와 비슷한 정도의 높이입니다. 경기 방식도 테니스와 동일하여, 상대방이 친 공을 상대방의 코트로 받아치는데 라켓은 사용하지 않습니다. 매우 쉽고 안전한 스포츠라서 몸집이 작은 어린이부터 어르신까지 모두 즐길 수 있습니다.

배구   테니스   다스포니

Q 퀴즈 도전하기! 다스포니는 a~c 중 어느 것인가요?

어휘

ボール 볼, 공 | 使う 사용하다 | スポーツ 스포츠 | 知る 알다 | 少ない 적다 | 生まれる 태어나다 | テニス 테니스 | バレーボール 배구 | ~に似ている ~을 닮았다 | 軽い 가볍다 | やわらかい[柔らかい] 부드럽다 | コート 코트 | 真ん中 중앙, 한가운데 | ネット 네트 | 同じ 동일한, 같은 | 高さ 높이 | やり方 방식, 방법 | 相手 상대방 | 打つ 치다 | 打ち返す 받아치다 | ラケット 라켓 | かんたんな[簡単な] 쉬운, 간단한 | 安全な 안전한 | お年寄り 어르신 | 楽しむ 즐기다

DAY 06 ゲーム 게임

最近「趣味はゲームだ」と言う人が多い。ゲームの世界はとてもすばらしくて、時間を忘れてしまうのだろう。「1時間だけゲームをやるつもりだったのに、疲れて時計を見たら3時間も遊んでしまっていた…」と、ゲームが好きな人からよく聞く。ゲームは楽しいが、それが生活の一番大切なことになってしまったら、たいへんだ。夜寝る時間が短くなって仕事や勉強のときに眠くなったり、やらなくてはいけないことを忘れたりして、いいことは何もない。

ゲームがやめられない人は、まず、ゲームをした時間を毎日ノートに書いてみたらどうか。自分がゲームに使っている時間を知れば、きっと考えが変わるだろう。

Q 퀴즈 도전하기!　これを書いた人(筆者)が一番言いたいことは何ですか。　(　　)

a　ゲームはしないほうがいい。
b　ゲームに使っている時間を知ったほうがいい。
c　ゲームをするときは時間を忘れたほうがいい。
d　ゲームをする時間を決めたほうがいい。

독해 지문&퀴즈 해석

최근 '취미는 게임이다'라고 말하는 사람이 많다. 게임의 세계는 매우 대단해서 시간을 잊어버릴 것이다. '1시간만 게임을 할 생각이었는데, 피곤해서 시계를 보았더니 3시간이나 놀아 버렸다…'라고 게임을 좋아하는 사람으로부터 자주 듣는다. 게임은 즐겁지만, 그것이 생활 속에서 가장 중요한 것이 되어 버린다면 큰일이다. 밤에 잠자는 시간이 짧아져서 업무나 공부를 할 때 졸리거나, 해야만 하는 일을 잊어버리는 등, 좋은 것은 아무것도 없다.

게임을 그만둘 수 없는 사람은 우선 게임을 했던 시간을 매일 노트에 적어 보면 어떨까? 자신이 게임에 사용하고 있는 시간을 알게 된다면 분명 생각이 바뀔 것이다.

Q 퀴즈 도전하기! 이 글을 쓴 사람(필자)이 가장 말하고 싶은 것은 무엇인가요?

a 게임은 하지 않는 편이 좋다.
b 게임에 사용하고 있는 시간을 아는 편이 좋다.
c 게임을 할 때는 시간을 잊어버리는 편이 좋다.
d 게임을 하는 시간을 정하는 편이 좋다.

어휘

最近 최근, 요즘 | 趣味 취미 | ゲーム 게임 | 多い 많다 | 世界 세계 | すばらしい[素晴らしい] 멋지다, 대단하다 | 忘れる 잊다 | 疲れる 피곤하다 | 時計 시계 | 遊ぶ 놀다 | 好きな 좋아하는 | 聞く 듣다 | 楽しい 즐겁다 | 生活 생활 | 大切な 소중한 | たいへん[大変] 큰일 | 寝る 자다 | 短い 짧다 | 仕事 일, 업무 | 勉強 공부 | 眠い 졸리다 | 何も 아무것도 | 毎日 매일 | ノート 노트 | 自分 자신 | 使う 사용하다 | きっと 분명, 꼭 | 考え 생각 | 変わる 바뀌다, 변하다

DAY 07 おすすめ商品

TSUNAGU DENKI ONLINE SHOP

キーワードから探す

今週のおすすめ商品 『 一家に一台！充電器 』

台風や地震のとき、電気が止まることがあります。パソコンや携帯電話の充電がなくなってしまったら、だれにも連絡できなくなって、本当に困ってしまいます。そんなとき、こちらの商品が便利です。これはパソコンや携帯電話を充電するのに使うものです。このパネルを開いて明るいところに置くと、電気を作ることができます。これに携帯電話やパソコンをつなげば、充電できるのです。強い太陽の光があるところがいいですが、部屋の中でもできます。家に一台あると安心です。

おすすめの商品はどれですか。（　　）

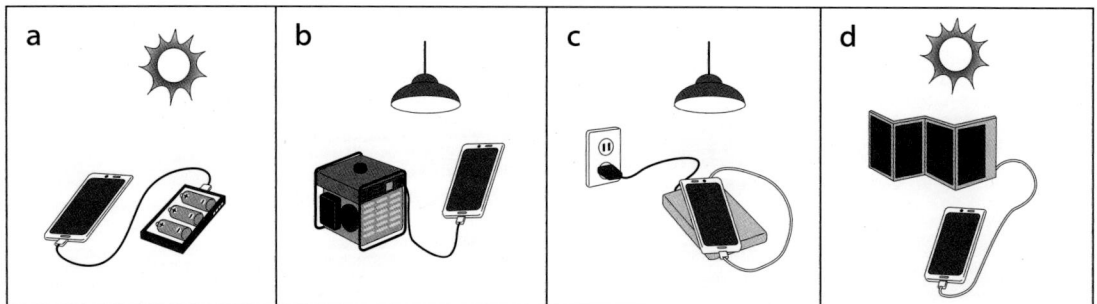

독해 지문&퀴즈 해석

TSUNAGU DENKI ONLINE SHOP
키워드로 찾기

이번 주의 추천 상품 『한 집에 한 대! 충전기』

태풍이나 지진이 발생했을 때, 전기가 끊기는 경우가 있습니다. 컴퓨터나 휴대전화의 배터리가 없어져 버린다면 누구에게도 연락할 수 없게 되어 정말 곤란해지고 맙니다. 그럴 때, 이 상품이 편리합니다. 이것은 컴퓨터나 휴대전화를 충전하기 위해 사용하는 물건입니다. 이 패널을 열어서 밝은 장소에 놓으면 전기를 만들 수 있습니다. 이것에 휴대전화나 컴퓨터를 연결하면 충전할 수 있습니다. 강한 태양의 빛이 있는 장소가 좋습니다만, 방 안에서도 가능합니다. 집에 한 대 있으면 안심이 됩니다.

Q 퀴즈 도전하기! 추천하는 상품은 어느 것인가요?

어휘

キーワード 키워드 | 探す 찾다 | 今週 이번 주 | おすすめ商品 추천 상품 | 一家 한 집 | 一台 한 대 | 充電器 충전기 | 台風 태풍 | 地震 지진 | 電気 전기 | 止まる 멈추다 | パソコン 컴퓨터 | 携帯電話 휴대전화 | 充電 충전 | なくなる[無くなる] 없어지다 | 連絡 연락 | 困る 곤란하다, 난처하다 | 便利な 편리한 | 使う 사용하다 | パネル 패널 | 開く 열다 | 明るい 밝다 | 置く 두다, 놓다 | 作る 만들다 | つなぐ 잇다, 연결하다 | 強い 강하다 | 太陽 태양 | 光 빛 | 部屋 방 | 安心 안심

LEVEL 1　23

DAY 08 私の将来 나의 장래

7月 5日(日)

私は将来日本で働きたくて、今、日本語学校で日本語を勉強している。でも、日本は私の国より物価が高くて、生活がたいへんだ。留学する前、私は日本でアルバイトをしないつもりだったが、今は仕事をしなければ国にいたときと同じ生活はできない。でも、日本は給料が高い。国で働いていたとき給料は毎月３万円ぐらいだったが、日本では１週間アルバイトすれば同じぐらいもらうことができる。本当はもっと給料がほしいが、仕事の時間が多ければ勉強の時間が少なくなるし、疲れて勉強することができない日もある。勉強も仕事も、今の私はどちらも大切だ。上手に時間を使いたいと思う。

Q 퀴즈 도전하기! 筆者の考えに合っているのはどれですか。　(　　)

a 今はアルバイトはしないつもりだ。
b もう少しアルバイトの時間を多くしたい。
c 勉強と仕事の時間を考えなくてはいけない。
d 勉強か仕事か、一つに決めようと思う。

독해 지문&퀴즈 해석

7월 5일(일)

나는 앞으로 일본에서 근무하고 싶기 때문에 지금 일본어학교에서 일본어를 공부하고 있다. 그런데 일본은 우리나라보다 물가가 비싸서 생활이 힘들다. 유학을 가기 전, 나는 일본에서 아르바이트를 하지 않을 생각이었는데 지금은 일을 하지 않으면 우리나라에 있었을 때와 똑같은 생활은 할 수가 없다. 그런데 일본은 급여가 높다. 우리나라에서 일했을 때의 급여는 매달 3만 엔 정도였는데, 일본에서는 일주일 아르바이트를 하면 비슷한 정도를 받을 수가 있다. 사실은 더 급여를 받고 싶지만, 업무 시간이 많으면 공부 시간이 적어지고 피곤해서 공부할 수 없는 날도 있을 것이다. 공부도 일도, 지금의 나에게는 양쪽 모두 중요하다. 효율적으로 시간을 사용하고 싶다는 생각이 든다.

Q 퀴즈 도전하기! 필자의 생각과 일치하는 것은 어느 것인가요?

a 지금은 아르바이트는 하지 않을 생각이다.
b 조금 더 아르바이트 시간을 늘리고 싶다.
c 공부와 일의 시간을 생각하지 않으면 안 된다.
d 공부인지 일인지, 한 가지로 정하려고 생각한다.

어휘

将来 장래, 앞으로 | 働く 일하다 | 今 지금 | 日本語 일본어 | 学校 학교 | 勉強する 공부하다 | 国 나라, 모국 | 物価 물가 | 高い 높다, 비싸다 | 生活 생활 | たいへんな[大変な] 힘듦 | 留学する 유학 가다 | アルバイト 아르바이트 | 仕事 일 | 同じ 똑같은 | 給料 급여 | 毎月 매달 | ~週間 ~주일 | もらう 받다 | 本当 사실 | ほしい[欲しい] 원하다 | 多い 많다 | 少ない 적다 | 疲れる 피곤하다 | 日 날 | 上手に 능숙하게 | 使う 사용하다 | 思う 생각하다

DAY 09 花火大会 불꽃놀이 대회

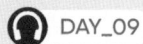 DAY_09

つなぐ市観光協会　BLOG

7月16日(月) AM 10:28　**第39回 つなぐ川花火大会 どこで見る？**

今年のつなぐ川花火大会は7月28日(土)です。会場へ浴衣でいらっしゃった方にプレゼントもありますよ。

「花火は見たいけど、花火大会の会場は人が多いから行きたくない」と言う方！人が少なくて花火がとても見やすい場所があるんです。南駅から山のほうへまっすぐ行くと、橋があります。そこを渡って左に曲がると、北町公園があります。花火会場からはちょっと遠いですが、近くに高いビルがないので、きれいな花火を見ることができるんです。ぜひ行ってみてください！

Q 퀴즈 도전하기!　花火が見やすい所はどこですか。　(　　)

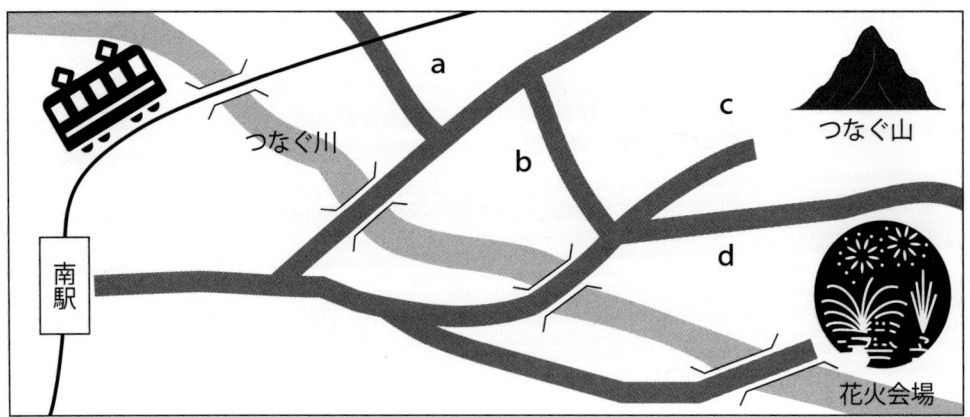

독해 지문&퀴즈 해석

쓰나구시관광협회　BLOG

7월 16일(월) AM 10:28　　**제39회 쓰나구강 불꽃놀이 축제 어디에서 볼까?**

올해의 쓰나구강 불꽃놀이 축제는 7월 28일(토)입니다. 행사장에 유카타 차림으로 오신 분께 선물도 있습니다.

'불꽃놀이는 보고 싶은데, 불꽃놀이 축제의 행사장은 사람이 많아서 가고 싶지 않다'고 말하는 분! 사람이 적어서 불꽃놀이가 매우 잘 보이는 장소가 있습니다. 미나미역에서 산 쪽으로 곧장 가면 다리가 있습니다. 다리를 건너서 왼쪽으로 돌면 기타마치공원이 있습니다. 불꽃놀이 행사장에서는 조금 멀지만, 주변에 높은 빌딩이 없어서 예쁜 불꽃놀이를 볼 수 있습니다. 꼭 가 보세요!

Q 퀴즈 도전하기!　불꽃놀이가 잘 보이는 곳은 어디인가요?

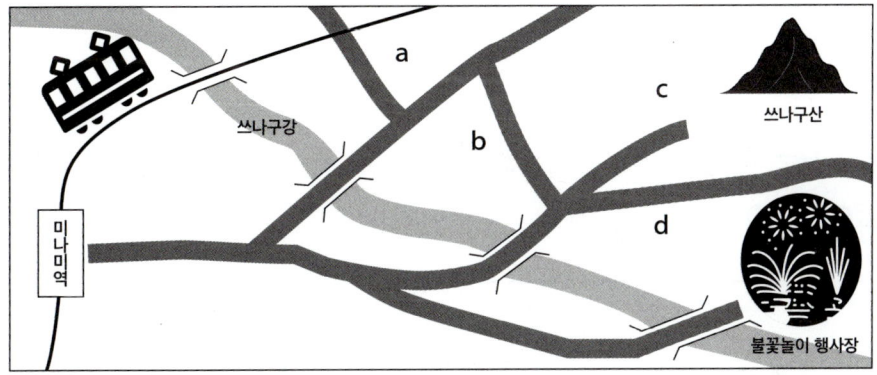

어휘

観光 관광 | 協会 협회 | 第~回 제 ~회 | 川 강 | 花火 불꽃놀이 | 大会 대회, 축제 | 見る 보다 | 今年 올해 | 会場 행사장 | 浴衣 유카타 (일본 전통 의복) | いらっしゃる 오시다(존경어) | 方 분(사람) | 多い 많다 | 少ない 적다 | ~やすい ~하기 쉽다 | 場所 장소 | 駅 역 | 山 산 | ほう[方] 쪽, 방향 | まっすぐ 곧장 | 橋 다리 | 渡る 건너다 | 左 왼쪽 | 曲がる 돌다 | 公園 공원 | 遠い 멀다 | 近く 근처 | 高い 높다 | ビル 빌딩

DAY 10 親子丼 닭고기계란덮밥

 DAY_10

かんたん COOKING

 親子丼

材料：ごはん　鶏肉(100g)
　　　玉ねぎ(半分)　卵(2こ)
水(150cc)
A【さとう (大さじ 1/2)
　しょうゆ (大さじ2)
　みりん (大さじ2)】

晩ご飯のメニューがまだ決まっていない方、親子丼はいかがですか。
卵と鶏肉があれば、親子丼ができますよ。
かんたんだし、おいしいですから、ぜひ作ってみてください。

① まず、鶏肉と玉ねぎを切ります。
② 次に、なべにAと水を入れてから、ガスの火をつけます。
③ 熱くなったら、そのなべに鶏肉と玉ねぎを入れて、3分ぐらい煮ます。
④ 最後に卵を入れて、ガスの火を止めます。
　 これをご飯の上にのせます。

Q 퀴즈 도전하기!　どの順番で作りますか。　(　)→(　)→(　)→(　)→(　)

a	b	c	d	e
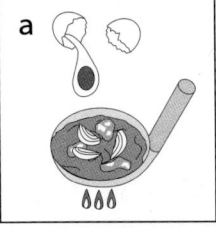	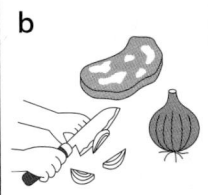	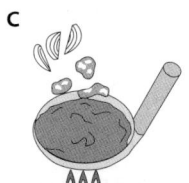		

독해 지문&퀴즈 해석

간단 COOKING　🍽 닭고기계란덮밥

재료: 밥　닭고기(100g)
　　　　양파(절반)　달걀(2개)
　　　　물(150cc)
　　　　A【설탕(1/2큰술)
　　　　　간장(2큰술)
　　　　　맛술(2큰술)】

저녁 메뉴가 아직 정해지지 않은 분, 닭고기계란덮밥은 어떠세요?
계란과 닭고기가 있으면 닭고기계란덮밥을 만들 수 있어요.
간단하고 맛있으니까 꼭 만들어 보세요.

① 먼저 닭고기와 양파를 자릅니다.
② 다음으로, 냄비에 A와 물을 넣은 후에 가스불을 켭니다.
③ 뜨거워지면 그 냄비에 닭고기와 양파를 넣고 3분 정도 익힙니다.
④ 마지막으로 계란을 넣고 가스불을 끕니다.
　　　이것을 밥 위에 올립니다.

Q 퀴즈 도전하기!　어느 순서로 만드나요?

어휘

かんたん[簡単] 간단 | 親子丼(おやこどん) 닭고기계란덮밥 | 材料(ざいりょう) 재료 | ごはん[ご飯] 밥 | 鶏肉(とりにく) 닭고기 | 玉ねぎ(たま) 양파 | 半分(はんぶん) 절반 | 卵(たまご) 계란 | ~こ[個] ~개 | 水(みず) 물 | さとう[砂糖] 설탕 | 大さじ(おお) 큰술(큰 숟가락) | しょうゆ[醤油] 간장 | みりん 맛술 | 晩ご飯(ばんはん) 저녁밥 | 決まる(き) 정해지다 | 方(かた) 분(사람) | 作る(つく) 만들다 | 切る(き) 자르다 | 次(つぎ) 다음 | なべ[鍋] 냄비 | 入れる(い) 넣다 | ガスの火(ひ) 가스불 | つける (불을) 켜다 | 熱い(あつ) 뜨겁다 | 煮る(に) 끓이다, 삶다 | 最後(さいご) 마지막 | 止める(と) (불을) 끄다 | のせる 올리다 | 順番(じゅんばん) 순서

DAY 11 不在連絡票 부재중 방문통지서

Q 퀴즈 도전하기!

大下さんは平日毎朝7時半に家を出て、夜7時ごろ家に戻ります。

大下さんは今日仕事から帰って、このお知らせを見ました。

この荷物はあさっての朝使うものです。いつ持って来てもらいますか。(　　)

a　13日の1　　b　13日の4　　c　14日の1　　d　14日の4

ご不在連絡票

大下 様　　　　　　　　　　　　　　　　5月12日(火)15:25

お荷物をお届けにまいりましたが、いらっしゃいませんでしたので、持ち帰りました。ご希望の再配達日と時間(1〜4)をお知らせください。

電話受付 (8:00〜19:00)　　0120-XX-XXXX
インターネット受付 (24時間)　https://www.humask/xxx

番号	ご希望の再配達時間	受付時間
1	8:00〜12:00	前の日の午後7時まで
2	14:00〜16:00	その日の午前10時まで
3	16:00〜19:00	
4	19:00〜21:00	その日の午後4時まで

TSUNAGU 運輸株式会社

독해 지문&퀴즈 해석

Q 퀴즈 도전하기!

오시타 씨는 평일에 매일 아침 7시 반에 집을 나와서 밤 7시쯤 집에 돌아옵니다.
오시타 씨는 오늘 업무로부터 귀가하여 이 통지서를 보았습니다.
이 짐은 모레 아침에 사용할 물건입니다. 언제 가져와 달라고 하나요?

a 13일의 1   **b** 13일의 4   **c** 14일의 1   **d** 14일의 4

부재중 방문 통지서

오시타 님   5월 12일(화) 15:25

짐을 배달해 드리려고 방문했습니다만, 계시지 않았기 때문에 가지고 돌아갔습니다. 희망하시는 재배달일과 시간(1~4)을 알려 주십시오.

전화 접수(8:00 ~ 19:00)   0120-XX-XXXX
인터넷 접수(24시간)   https://www.humask/xxx

번호	희망하시는 재배달 시간	접수 시간
1	8:00 ~ 12:00	전날 오후 7시까지
2	14:00 ~ 16:00	당일 오전 10시까지
3	16:00 ~ 19:00	당일 오전 10시까지
4	19:00 ~ 21:00	당일 오후 4시까지

TSUNAGU운수주식회사

어휘

平日 평일 | 毎朝 매일 아침 | 出る 나오다 | 戻る 되돌아가다 | 仕事 업무 | 帰る 귀가하다 | お知らせ 통지서 | 荷物 짐 | 使う 사용하다 | 持って来る 가져오다 | 不在 부재 | 連絡票 연락표 | ~様 ~님 | 届ける 배달하다 | まいる[参る] 오다(겸양어) | いらっしゃる 계시다 (존경어) | 持ち帰る 가지고 돌아가다 | 希望 희망 | 再配達日 재배달일 | 知らせる 알리다 | 電話 전화 | 受付 접수 | インターネット 인터넷 | 番号 번호 | 運輸 운수 | 株式会社 주식회사

DAY 12 入社試験 입사 시험

Q 퀴즈 도전하기!

試験の前に、担当の人が説明しています。
女の人は何の時間について質問しましたか。（　　）

a 筆記試験　　b 作文　　c 昼休み　　d 面接

つなぐ貿易　入社試験の注意

時間	項目	注意
10:00～10:45	筆記試験	・スマホ、辞書などは使ってはいけません。 ・終わっても部屋を出ることはできません。
11:00～11:45	作文	・辞書を使うことができます。 ・早く終わったら、会場を出てもいいです。
	昼休み	・2階の会議室で食事ができます。 フリーのWi-Fiがあります。
13:00～	面接	・順番にお呼びします。面接の後、当社のホームページを見て、簡単なアンケートに答えてください。

독해 지문&퀴즈 해석

Q 퀴즈 도전하기!

시험 전에 담당자가 설명하고 있습니다.
여자는 무슨 시간에 대해 질문했나요?

a 필기 시험   b 작문   c 점심시간   d 면접

쓰나구무역 입사시험 주의사항

시간	구분	내용
10:00 ~ 10:45	필기 시험	· 스마트폰, 사전 등은 사용해서는 안 됩니다. · 끝나도 방(시험장)을 나올 수 없습니다.
11:00 ~ 11:45	작문	· 사전을 사용할 수 있습니다. · 일찍 끝나면 시험장을 나와도 됩니다.
	점심시간	· 2층 회의실에서 식사가 가능합니다. 무료 와이파이가 있습니다.
13:00 ~	면접	· 순서대로 호출하겠습니다. 면접 후, 당사 홈페이지를 보고 간단한 앙케트에 답변해 주세요.

어휘

試験 시험 | 担当の人 담당자 | 説明 설명 | ~について ~에 대해 | 質問 질문 | 筆記 필기 | 作文 작문 | 昼休み 점심시간 | 面接 면접 | 貿易 무역 | 入社 입사 | 注意 주의 | スマホ 스마트폰 | 辞書 사전 | 使う 사용하다 | 終わる 끝나다 | 部屋 방 | 出る 나오다 | 早く 일찍, 빨리 | 会場 시험장 | ~階 ~층 | 会議室 회의실 | 食事 식사 | フリー 무료 | 順番 순서 | 呼ぶ 부르다, 호출하다 | ~の後 ~후 | 当社 당사 | ホームページ 홈페이지 | 簡単な 간단한 | アンケート 앙케트 | 答える 답변하다

DAY 13 グルメまつり 먹거리 축제

今月のEVENT 「つなぐ市B級グルメまつり」 25日(土)〜26日(日)

大阪の「お好み焼き」や栃木の「宇都宮ギョーザ」など、安くておいしい「B級グルメ」は大人気です。「つなぐ市B級グルメまつり」も毎年10万人以上の人が集まる人気のイベントです。日本全国のいろいろなB級グルメが食べられるだけではなくて、作り方を教えてもらえたりプレゼントがもらえるゲームもあるので、大人も子どもも楽しめます。また、「つなぐ市B級グルメコンテスト」では、つなぐ市の人が考えた「安くておいしいメニュー」の中から1位を選びます。コンテストに出ている料理は全部無料で食べられます。ぜひ、ご参加ください。

【つなぐ市役所　kanko_xxx@tsunagu-cty.com】

Q 퀴즈 도전하기! 　○ですか。×ですか。

① (　　) このイベントでは、日本のいろいろな町の安くておいしい料理が食べられます。

② (　　) このイベントの料理は、全部無料で食べられます。

독해 지문&퀴즈 해석

이번 달 EVENT　　　　「쓰나구시 B급 먹거리 축제」　　　　25일(토) ~ 26일(일)

오사카의 '오코노미야키'나 도치기의 '우쓰노미야 교자 만두' 등, 값싸고 맛있는 'B급 먹거리'는 인기가 많습니다. '쓰나구시 B급 먹거리 축제'도 매년 10만 명 이상의 사람이 모이는 인기가 많은 이벤트입니다. 일본 전국의 다양한 B급 먹거리를 먹을 수 있을 뿐만 아니라 만드는 법을 배우거나 선물을 받을 수 있는 게임도 있기 때문에 어른도 아이도 즐길 수 있습니다. 또한 '쓰나구시 B급 먹거리 콘테스트'에서는 쓰나구시의 시민이 생각한 '값싸고 맛있는 메뉴' 중에서 1위를 선정합니다. 콘테스트에 나와 있는 요리는 전부 무료로 먹을 수 있습니다. 꼭 참가해 주십시오.

【쓰나구시청　kanko_xxx@tsunagu-cty.com】

Q 퀴즈 도전하기!　O인가요? X인가요?

① 이 이벤트에서는 일본의 여러 지역의 값싸고 맛있는 요리를 먹을 수 있습니다.
② 이 이벤트의 요리는 전부 무료로 먹을 수 있습니다.

어휘

今月 이번 달 | ~級 ~급 | グルメ 먹거리 | まつり[祭り] 축제 | お好み焼き 오코노미야키 | ギョーザ 교자(만두) | 安い 값싸다 | 大人気 인기가 많음 | 毎年 매년 | ~万人 ~만 명 | 以上 이상 | 集まる 모이다 | 全国 전국 | 作り方 만드는 법 | 教える 알려주다 | プレゼント 선물 | もらう 받다 | ゲーム 게임 | 大人 어른 | 子ども 아이 | 楽しむ 즐기다 | コンテスト 콘테스트 | 考える 생각하다 | ~位 ~위 | 選ぶ 선정하다 | 出る 나오다 | 料理 요리 | 全部 전부 | 無料 무료 | 参加 참가 | 市役所 시청 | 町 동네, 지역

DAY 14 悩み相談 고민 상담

悩み相談

先月友だちのAさんが車を買いました。週末、その車で六甲山へ連れて行ってもらいました。山の上からきれいな海を見て、晩ご飯を食べた後、うちまで送ってもらいました。「楽しい一日だった」と思いました。でも、車を降りるとき、Aさんが「いつでもいいけど、今日のガソリン代を払ってね」と言ったので、私はびっくりしました。これはAさんの車だし、Aさんが私をさそったのですから、私がガソリン代を払うのはへんだと思います。私はお金を払わなくてはいけないのでしょうか。

(23歳　銀行員)

【カウンセラー：前川公一先生】

楽しい一日だったのに残念でしたね。でも、どうしてAさんはそんなことを言ったのでしょうか。それを聞いてみてはいかがでしょうか。

Q 퀴즈 도전하기!　この相談をした人はどう思っていますか。（　　）

a　Aさんの考えていることがわからない。
b　Aさんの考えていることがわからないが、払う。
c　Aさんの考えていることがわかる。
d　Aさんの考えていることはわかるが、払わない。

독해 지문&퀴즈 해석

고민 상담

지난달에 친구 A씨가 차를 구입했습니다. 주말에 그 차로 롯코산에 데려가 주었습니다. 산 위에서 예쁜 바다를 보고 저녁밥을 먹은 후에 집까지 데려다 주었습니다. '즐거운 하루였다'고 생각했습니다. 그런데 차에서 내릴 때 A씨가 '언제든 상관없는데, 오늘 주유비를 지불해 줘'라고 말했기 때문에 저는 깜짝 놀랐습니다. 이것은 A씨의 차량이고 A씨가 저를 초대한 것이라서 제가 주유비를 지불하는 것은 이상하다고 생각합니다. 저는 돈을 지불해야만 하는 것일까요?　　　(23세 은행원)

【카운슬러 : 마에카와 고이치 선생님】
즐거운 하루였을텐데 섭섭했겠네요. 그런데, 왜 A씨는 그런 말을 한 것일까요? 그 이유를 물어보면 어떠실까요?

퀴즈 도전하기! 이 상담을 한 사람은 어떻게 생각하고 있나요?

a A씨의 생각을 모르겠다.
b A씨의 생각을 모르겠지만, 지불한다.
c A씨의 생각을 알겠다.
d A씨의 생각은 알겠지만, 지불하지 않는다.

어휘

悩み 고민 | 相談 상담 | 先月 지난달 | 友だち 친구 | 車 차 | 買う 사다 | 週末 주말 | 連れて行く 데려가다 | 海 바다 | 晩ご飯 저녁밥 | 食べる 먹다 | ~た後 ~한 후 | 送る 보내다 | 楽しい 즐겁다 | 一日 하루 | 思う 생각하다 | 降りる 내리다 | ガソリン代 기름값 | 払う 지불하다 | びっくりする 깜짝 놀라다 | さそう[誘う] 초대하다 | へんな[変な] 이상한 | お金 돈 | ~歳 ~세 | 銀行員 은행원 | カウンセラー 카운슬러 | 先生 선생님 | 残念な 섭섭한, 아쉬운 | 言う 말하다 | 聞く 묻다 | 考える 생각하다 | わかる[分かる] 알다, 이해하다

DAY 15 面接 면접

PICK UP

面接

就職試験には、99.9％、面接があります。面接ではいろいろなことを聞かれますが、その会社に入りたい理由は必ず質問されます。「会社のことをよくわかっているか」、「本当に入社したいのか」、「ここで何がやりたいのか」、「将来どうなりたいのか」などを聞いて、ほかの社員と力を合わせて働ける人を選びたいと、担当者は考えているからです。ですから、あなたはまずその会社でやりたいことをはっきり話してください。そう思った理由も言うとわかりやすいです。ほかの会社のこともよく調べて、その会社でなければできないことも言いましょう。強い思いを伝えることが大切です。

Q 퀴즈 도전하기!

① 面接の担当者はどんな人を選びたいと考えていますか。
　……_____

② 面接で何を話したらいいですか。……・_____
　　　　　　　　　　　　　　　　　　・_____
　　　　　　　　　　　　　　　　　　・_____

독해 지문&퀴즈 해석

면접

취직 시험에는 99.9% 면접이 있습니다. 면접에서는 다양한 것을 질문받는데, 그 회사에 들어가고 싶은 이유는 반드시 질문받습니다. '회사에 관한 것을 잘 알고 있는지', '정말 입사하고 싶은지', '여기에서 무엇을 하고 싶은지', '앞으로 어떻게 되고 싶은지' 등을 질문하고, 다른 사원과 힘을 합쳐 일할 수 있는 사람을 선택하고 싶다고 담당자는 생각하고 있기 때문입니다. 그렇기 때문에 당신은 우선 그 회사에서 하고 싶은 것을 명확하게 이야기해 주세요. 그렇게 생각한 이유도 말하면 이해하기 쉽습니다. 다른 회사에 관한 것도 잘 알아보고, 이 회사가 아니면 할 수 없는 것도 말해 봅시다. 강한 의지를 전달하는 것이 중요합니다.

퀴즈 도전하기!

① 면접 담당자는 어떤 사람을 선택하고 싶다고 생각하나요?
② 면접에서 무엇을 이야기하면 좋나요?

어휘

面接 면접 | 就職 취직 | 試験 시험 | 聞かれる 질문받다 | 会社 회사 | 入る 들어가다 | 理由 이유 | 必ず 반드시 | 質問 질문 | ~のこと ~에 관한 것 | 本当 정말 | 入社 입사 | 将来 앞으로 | ほか 다른 | 社員 사원 | 力 힘 | 合わせる 합치다 | 働く 일하다 | 選ぶ 선택하다 | 担当者 담당자 | 考える 생각하다 | まず 우선 | はっきり 명확하게, 확실히 | 話す 이야기하다 | ~やすい ~하기 쉽다 | 調べる 알아보다 | 強い 강하다 | 思い 생각 | 伝える 전달하다 | 大切 중요한

DAY 16 車いすの人 지체 장애인

『ぼくたちの町』

前川 大

　ぼくのクラスには、足が悪くて車いすを使っている人が一人いる。この友だちと一緒に出かけると、いつもぼくたちが住んでいる町はとても不便だと思う。店の入り口がせまかったり車いすが置けなかったりしたことが、何度もある。エレベーターがない駅もあるし、車いすの人が使えるトイレも少ない。道には少し高くなっている所がたくさんあって、そこでは車いすの人はだれかに手伝ってもらわなければ、前へ行くことができない。車いすで出かけるのは本当にたいへんだ。車いすの人だけでなく、目が見えない人たちや耳が聞こえない人たちもきっと困っているだろう。この町を（　　　　　　）所にしなくてはいけないと思う。

Q 퀴즈 도전하기!

（　）にはどの文が入りますか。一番いいものを１つ選んでください。　（　　）

a　みんなが住みやすい
b　車いすで出かけられる
c　便利なものがたくさんある
d　目や耳が悪い人が困らない

독해 지문&퀴즈 해석

『우리들의 동네』

마에카와 다이

우리 반에는 다리가 불편해서 휠체어를 사용하고 있는 사람이 한 명 있다. 이 친구와 함께 외출하면 항상 우리들이 살고 있는 동네는 매우 불편하다고 생각한다. 가게의 입구가 좁거나 휠체어를 세울 수 없기도 했던 일이 몇 번이나 있다. 엘리베이터가 없는 역도 있고, 휠체어를 타는 사람이 사용할 수 있는 화장실도 적다. 길에는 약간 높게 되어 있는 곳이 많이 있고, 그곳에서 휠체어를 타는 사람은 누군가에게 도움을 받지 않는다면 앞쪽으로 갈 수가 없다. 휠체어로 외출하는 것은 정말 힘들다. 휠체어를 타는 사람뿐만 아니라 눈이 보이지 않는 사람들이나 귀가 들리지 않는 사람들도 분명 곤란할 것이다. 이 동네를 (　　　　　) 곳으로 만들어야 한다고 생각한다.

퀴즈 도전하기!

(　　)에는 어느 문장이 들어가나요? 가장 알맞은 문장을 하나 골라 주세요.

a 모두가 살기 좋은
b 휠체어로 외출할 수 있는
c 편리한 물건이 가득 있는
d 눈이나 귀가 불편한 사람이 곤란하지 않은

어휘

ぼく[僕] 나(남자) | ~たち ~들 | 町 동네 | クラス 반(학급) | 足 다리 | 悪い 불편하다 | 車いす 휠체어 | 使う 사용하다 | 一緒に 함께 | 出かける 외출하다 | 住む 살다 | 不便な 불편한 | 店 가게 | 入り口 입구 | せまい[狭い] 좁다 | 置く 두다 | 何度も 몇 번이나 | エレベーター 엘리베이터 | 駅 역 | トイレ 화장실 | 少ない 적다 | 道 길 | 少し 약간 | 高い 높다 | 所 곳 | 手伝う 거들다 | たいへんな[大変な] 힘든 | 目 눈 | 見える 보이다 | 耳 귀 | 聞こえる 들리다 | 困る 곤란하다 | 文 문장 | 選ぶ 고르다 | ~やすい ~하기 쉽다 | 便利な 편리한

DAY 17 台風の備え 태풍 대비

つなぐ市役所から市民のみなさんへお願い

　もうすぐ台風の季節です。去年は大きい台風が来て、さくら公園の木が倒れてしまいました。けがをした人はいませんでしたが、公園のそばの道が通れなくなりました。

　今年からは台風の後、つなぐ市にある65か所の公園で安全の確認をいたします。みなさまもお近くの公園で木が倒れたり物が壊れたりしているのを見たら、ぜひご連絡をお願いいたします。

　　　　　　　　　　　　　　つなぐ市役所　【電話：0727-22-XXXX】

Q 퀴즈 도전하기!　これを読んだ人がすることはどれですか。（　　）

a　台風が来たら、市役所に電話する。
b　台風の後、公園で安全を確認する。
c　公園の木が倒れていたら、連絡する。
d　公園のそばの道を通れるようにする。

독해 지문&퀴즈 해석

> **쓰나구시청에서 시민 여러분께 드리는 부탁**
>
> 이제 곧 태풍의 계절입니다. 작년에는 큰 태풍이 와서 사쿠라공원의 나무가 쓰러지고 말았습니다. 다친 사람은 없었지만, 공원의 옆길을 지나갈 수 없게 되었습니다.
>
> 올해부터는 태풍 이후, 쓰나구시에 있는 65곳의 공원에서 안전 확인을 할 것입니다. 여러분도 주변에 있는 공원에서 나무가 쓰러져 있거나 물건이 부서져 있는 것을 보면 꼭 연락을 부탁드리겠습니다.
>
> 쓰나구시청 【전화 : 0727-22-XXXX】

Q 퀴즈 도전하기! 이 글을 읽은 사람이 할 일은 어느 것인가요?

a 태풍이 오면 시청에 전화한다.
b 태풍 이후에 공원에서 안전을 확인한다.
c 공원의 나무가 쓰러져 있으면 연락한다.
d 공원의 옆길을 지나갈 수 있도록 한다.

어휘

市役所 시청 | 市民 시민 | みなさん 여러분 | お願い 부탁 | もうすぐ 이제 곧 | 台風 태풍 | 季節 계절 | 去年 작년 | 大きい 크다 | 公園 공원 | 木 나무 | 倒れる 쓰러지다, 넘어지다 | けがをする 다치다 | そば 옆 | 道 길 | 通る 지나가다 | 今年 올해 | ~か所 ~군데 | 安全 안전 | 確認 확인 | いたす 하다(겸양어) | みなさま 여러분 | 近く 근처 | 物 물건 | 壊れる 부서지다 | ぜひ 꼭 | 連絡 연락 | お願いする 부탁드리다(겸양어) | 電話 전화 | 読む 읽다

DAY 18 忘れ物・落とし物

분실물 · 유실물

DAY_18

忘れ物、落とし物に注意！

　先週、図書館のつくえの下にスマホが落ちていました。スマホはいろいろな情報が入っている大切なものです。来週の金曜日までに取りに来なければ、警察に届けます。
　スマホだけでなく、最近、忘れ物や落とし物がとても多いです。教科書やかさなど、事務局にたくさんの物が届いています。落とさないこと、忘れないことが一番ですが、まず自分の持ち物には名前を書きましょう。そして、もし何かなくしたときには事務局へ一度見に来てください。

つなぐ大学　事務局

Q 퀴즈 도전하기! 事務局の人はどうしてこれを書きましたか。　(　　)

a 最近、忘れ物が多いから

b 物をなくした人が確認に来たから

c スマホがたくさん届いたから

d 警察の人が注意したから

독해 지문&퀴즈 해석

분실물, 유실물에 주의!

지난주에 도서관의 책상 아래에 스마트폰이 떨어져 있었습니다. 스마트폰은 다양한 정보가 들어 있는 소중한 물건입니다. 다음 주 금요일까지 찾으러 오지 않으면 경찰에 신고하겠습니다.

스마트폰뿐 아니라 최근에 분실물이나 유실물이 매우 많습니다. 교과서나 우산 등, 사무국에 많은 물건이 들어와 있습니다. 놓고 가지 않는 것, 잃어버리지 않는 것이 가장 좋습니다만, 우선 자신의 소지품에는 이름을 씁시다. 그리고 만약 무언가 분실했을 경우에는 사무국으로 한번 보러 와 주세요.

쓰나구대학교 사무국

Q 퀴즈 도전하기! 사무국 직원은 왜 이 글을 작성했나요?

a 최근에 분실물이 많기 때문에
b 물건을 분실한 사람이 확인하러 왔기 때문에
c 스마트폰이 많이 들어왔기 때문에
d 경찰관이 주의를 주었기 때문에

어휘

忘れ物 분실물 | 落とし物 유실물 | 注意 주의 | 図書館 도서관 | つくえ[机] 책상 | スマホ 스마트폰 | 落ちる 떨어지다 | 情報 정보 | 入る 들어가다 | 大切 소중한 | 取る 가지다 | 警察 경찰 | 届ける 신고하다 | 最近 최근 | 多い 많다 | 教科書 교과서 | 事務局 사무국 | 届く 도달하다 | 落とす 떨어뜨리다 | 忘れる 잊다 | 持ち物 소지품 | 名前 이름 | なくす[無くす] 분실하다 | 一度 한번 | 大学 대학교 | 注意する 주의를 주다

DAY 19 診察の受け方 진찰 받는 법

診察を受ける方へ

- 初めての方は１番の受付で診察申込書をわたしますので、書いてください。診察申込書は、保険証といっしょに受付に出してください。保険証のコピーは使えません。
- 予約がある方は２番の受付に診察券を出してください。
- 予約がない方は３番の受付に診察券を出して受診票を受け取ってください。
- 診察券、保険証をお持ちでない方は、まず４番の受付で確認いたします。
- 毎月初めて診察を受けるときに、保険証を出してください。

つなぐ病院

퀴즈 도전하기!

イさんは予約の時間に病院に来ましたが、診察券を家に忘れてしまいました。どの受付へ行きますか。（　　）

a　１番　　b　２番　　c　３番　　d　４番

독해 지문&퀴즈 해석

진찰을 받는 분께

- 처음 오신 분은 1번 접수처에서 진찰신청서를 드리므로 작성해 주세요. 진찰신청서는 보험증과 함께 접수처에 제출해 주세요. 보험증의 복사본은 사용할 수 없습니다.
- 예약이 있는 분은 2번 접수처에 진찰권을 제출해 주세요.
- 예약이 없는 분은 3번 접수처에 진찰권을 제출하고 수진표를 받아 주세요.
- 진찰권, 보험증을 가지고 있지 않으신 분은 우선 4번 접수처에서 확인하겠습니다.
- 매달 처음으로 진찰을 받을 때 보험증을 제출해 주세요.

쓰나구병원

Q 퀴즈 도전하기!

이 씨는 예약 시간에 병원에 왔습니다만, 진찰권을 집에 두고 와 버렸습니다.
어느 접수처로 가나요?

a 1번   b 2번   c 3번   d 4번

어휘

診察 진찰 | 受ける 받다 | 方 분(사람) | 初めて 처음 | 受付 접수처 | 申込書 신청서 | わたす[渡す] 건네다 | 保険証 보험증 | いっしょに [一緒に] 함께 | 出す 제출하다 | コピー 복사 | 使う 사용하다 | 予約 예약 | 受診票 수진표 | 受け取る 받다, 수취하다 | 持つ 가지다 | まず 우선, 먼저 | 確認 확인 | いたす 하다(겸양어) | 毎月 매달 | 病院 병원 | 忘れる 잊다

LEVEL 1 47

DAY 20 花粉症 꽃가루 알레르기

PICK UP

花粉症

日本人の4人に1人は「花粉症」だと言われています。花粉にアレルギーがあると、鼻水が止まらない、くしゃみが出る、目がかゆくなるなど、たいへんです。サクラがきれいな春も、花粉がたくさん飛ぶことを考えたら、花粉症の人にはいやな季節でしょう。

また、今は花粉症ではない人も、安心してはいけません。日本に多いスギやヒノキなどの木はたくさんの花粉を作り、それが風にのって飛んで来るので、毎年花粉症の人が増えているのです。ですから花粉の時期には、マスクやめがねで花粉が体の中に入らないようにしたほうがいいでしょう。

Q 퀴즈 도전하기!　○ですか。×ですか。

① (　　　) 日本はサクラの木が多いので、花粉症の人が多い。

② (　　　) 花粉症ではない人も、花粉を体の中に入れないようにしたほうがいい。

독해 지문&퀴즈 해석

화분증(꽃가루 알레르기)

일본인 4명 중 1명은 '화분증(꽃가루 알레르기)'이라는 말을 들었습니다. 꽃가루에 알레르기가 있으면 콧물이 멈추지 않고, 재채기가 나오며, 눈이 가려워지는 등 힘듭니다. 벚꽃이 예쁜 봄도 꽃가루가 많이 날아다니는 것을 생각한다면 꽃가루 알레르기인 사람에게는 싫은 계절일 것입니다.

또한 지금은 꽃가루 알레르기가 아닌 사람도 안심해서는 안 됩니다. 일본에 많은 삼나무나 편백나무 등의 나무는 많은 꽃가루를 만들고, 그것이 바람을 타고 날아오기 때문에 매년 꽃가루 알레르기인 사람이 증가하고 있는 것입니다. 그렇기 때문에 꽃가루가 날아다니는 시기에는 마스크나 안경으로 꽃가루가 몸 속에 들어가지 않도록 하는 것이 좋습니다.

Q 퀴즈 도전하기! O인가요? X인가요?

① 일본은 벚꽃나무가 많기 때문에 화분증(꽃가루 알레르기)인 사람이 많다.
② 화분증(꽃가루 알레르기)이 아닌 사람도 꽃가루를 몸 속에 넣지 않도록 하는 것이 좋다.

어휘

花粉症 화분증(꽃가루 알레르기) | 言われる 말을 듣다 | 花粉 꽃가루 | アレルギー 알레르기 | 鼻水 콧물 | 止まる 멈추다 | くしゃみ 재채기 | 出る 나오다 | 目 눈 | かゆい 가렵다 | たいへんな[大変な] 힘든 | 春 봄 | 飛ぶ 날아다니다 | 考える 생각하다 | いやな[嫌な] 싫은 | 季節 계절 | 安心する 안심하다 | 多い 많다 | スギ 삼나무 | ヒノキ 편백나무 | 風 바람 | 乗る 타다 | 毎年 매년 | 増える 늘다 | 時期 시기 | マスク 마스크 | めがね[眼鏡] 안경 | 体 몸 | 入る 들어오다 | 入れる 넣다

DAY 21 ~ DAY 40

LEVEL 1보다 길고 약간 어려워진 지문으로 구성되어 있어요.
다양한 주제의 어휘와 JLPT N3 수준의 문형을 통해
독해 실력을 알차게 다져 보세요!

핵심 문형 한눈에 미리 보기

이미 알고 있는 문형이 있는지 먼저 체크해 보세요!

핵심 문형	우리말 해석
☐ ~ちゃった	~해 버렸다, ~하고 말았다 [결과]
☐ ~ばいいですか	(의문사) ~하면 됩니까?
☐ ~と思_{おも}っています	~라고 생각하고 있습니다
☐ ~ようです	~인 것 같습니다, ~한 것 같습니다
☐ ~たばかりです	~한 지 얼마 안 되었습니다, 막 ~했습니다
☐ ~やすいです	~하기 쉽습니다
☐ AのようなB	A와 같은 B
☐ ~なら、~ます	~라면/~한다면, ~하겠습니다 [가정]
☐ ~つもりです	~할 작정입니다
☐ Aだけではなくて、Bも	A뿐만이 아니라 B도
☐ ~はずです	분명 ~일/할 것입니다 [확신]
☐ ~ないで、~ます	~하지 말고, ~합니다
☐ ~そうです	~라고 합니다 [전달]

DAY 21 商品の取り換え 상품 교환

Q 퀴즈 도전하기! 内容に合っているのはどれですか。（　　）

a　リュックを汚してしまった。
b　レシートが見つかった。
c　さいふを捨ててしまった。
d　店の紙袋が見つかった。

독해 지문&퀴즈 해석

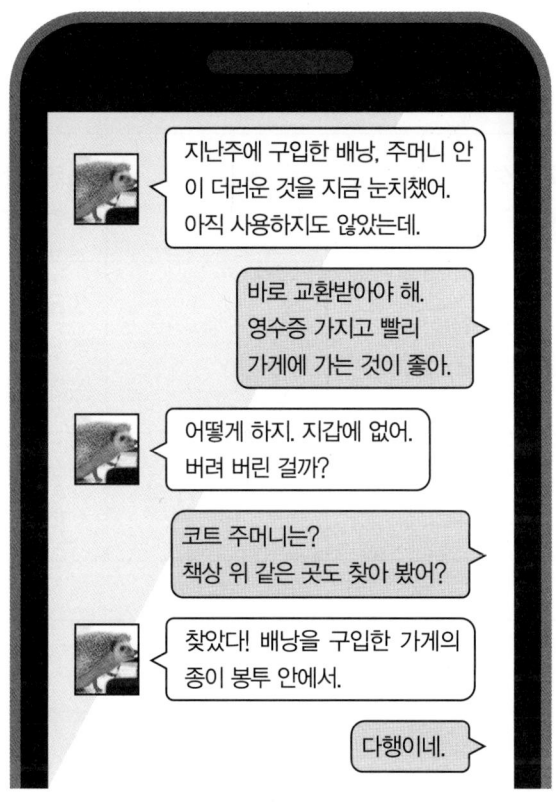

지난주에 구입한 배낭, 주머니 안이 더러운 것을 지금 눈치챘어. 아직 사용하지도 않았는데.

바로 교환받아야 해. 영수증 가지고 빨리 가게에 가는 것이 좋아.

어떻게 하지. 지갑에 없어. 버려 버린 걸까?

코트 주머니는? 책상 위 같은 곳도 찾아 봤어?

찾았다! 배낭을 구입한 가게의 종이 봉투 안에서.

다행이네.

Q 퀴즈 도전하기! 내용과 일치하는 것은 어느 것인가요?

a 배낭을 더럽히고 말았다.
b 영수증을 발견했다.
c 지갑을 버려 버렸다.
d 가게의 종이 봉투를 발견했다.

어휘

先週 지난주 | 買う 구입하다 | リュック 배낭 | ポケット 주머니 | 汚れる 더러워지다 | 気がつく 눈치채다 | まだ 아직 | 使う 사용하다 | すぐに 바로 | 取りかえる 교환하다 | レシート 영수증 | 早く 일찍, 빨리 | 店 가게 | さいふ[財布] 지갑 | 捨てる 버리다 | コート 코트 | 机 책상 | 見つかる 찾다, 발견하다 | 紙袋 종이 봉투 | よかった 다행이다

LEVEL 2

DAY 22 薬の説明書 약 설명서

お薬の説明書

お名前：松井 和紀様

	色・形	名前・薬のはたらき	飲み方	注意
1		**アスク錠** 熱を下げます	熱があるとき、食後に1錠	熱が下がったら、飲むのをやめてください。
2		**HA カプセル** 鼻水を止めます	朝食と夕食の後1つ	3日間飲んでも鼻水が止まらないときは、担当の医師に相談してください。
3		**ツナーグ** よく寝られます	夜寝る前に1袋	1袋より多く飲まないでください。

Q 퀴즈 도전하기!

松井さんはきのう病院で薬をもらいました。

今朝は鼻水がひどいですが、熱はありません。

夕べあまり寝られなかったので、今晩はよく寝たいと思っています。

今日松井さんはどの薬をいつ飲めばいいですか。

_____

_____

독해 지문&퀴즈 해석

약 설명서

성함 : 마쓰이 가즈키 님

	색·형태	이름·약의 효능	복용법	주의사항
1		**아스크정** 열을 내립니다	열이 있을 때 식후 1정	열이 내려가면 먹는 것을 그만두세요.
2		**HA캡슐** 콧물을 멈추게 합니다	아침 식사 후 저녁 식사 후 각 1개	3일간 먹어도 콧물이 멈추지 않을 때는, 담당 의사에게 상담하세요.
3		**쓰나구** 푹 잘 수 있습니다	밤에 자기 전 1봉지	1봉지보다 많이 먹지 마세요.

Q 퀴즈 도전하기!

마쓰이 씨는 어제 병원에서 약을 받았습니다.
오늘 아침에는 콧물이 심했습니다만, 열은 없습니다.
어젯밤에 별로 잠을 못 자서 오늘 밤은 푹 자고 싶다고 생각합니다.
오늘 마쓰이 씨는 어느 약을 언제 먹으면 되나요?

어휘

薬 약 | 説明書 설명서 | お名前 성함(높임) | 色 색 | 形 형태 | はたらき[働き] 효능 | 飲み方 복용법 | 注意 주의(사항) | ~錠 ~정(알약) | 熱 열 | 下げる 내리다 | 食後 식후 | 下がる 내려가다 | 飲む (약을) 먹다 | やめる 그만두다 | カプセル 캡슐 | 鼻水 콧물 | 止める 멈추게 하다 | 朝食 조식(아침밥) | 夕食 석식(저녁밥) | 止まる 멈추다 | 担当 담당 | 医師 의사 | 相談 상담 | 寝る 자다 | 夜 밤 | ~袋 ~봉지 | 多く 많이 | 病院 병원 | 今朝 오늘 아침 | ひどい 심하다 | 夕べ 저녁 | 今晩 오늘 밤

DAY 23 日本語レベルテスト
일본어 레벨테스트

Q 퀴즈 도전하기!

ブリさんは、日本の会社で働きたいと思っています。会話が苦手なので、仕事に必要な会話を練習したいと考えています。レベルチェックテストは230点でした。どのクラスがいいですか。（　　）

a　会話A　　b　会話B　　c　ビジネス文書　　d　ビジネス会話

今学期、受けたい日本語のクラスに〇をつけて出してください。

名前：ブリ ムサエフ

クラス	勉強すること	レベルチェックテストの点数など
会話A	毎日の生活の会話や、かんたんなスピーチを練習します。	・150～199点
会話B	生活の会話と仕事の会話、敬語の使い方も練習します。	・200～400点 ・会話Aクラスで勉強した人は、170点以上あれば選ぶことができます。
ビジネス文書	仕事のメールや書類の書き方を練習します。	・200～400点
ビジネス会話	仕事の場面の会話を練習します。就職試験の準備もします。	・250～400点

독해 지문&퀴즈 해석

Q 퀴즈 도전하기!

부리 씨는 일본 회사에서 일하고 싶습니다.
회화가 서툴러서 업무에 필요한 회화를 연습하고 싶다는 생각을 합니다.
레벨 체크테스트는 230점이었습니다. 어느 수업이 좋나요?

a 회화A   b 회화B   c 비즈니스 문서   d 비즈니스 회화

이번 학기에 수강하고 싶은 일본어 수업에 ○를 표시하여 제출해 주세요.

이름 : 부리 무사에프

수업	공부 내용	레벨 체크테스트 점수 등
회화A	매일 사용하는 생활 회화나 간단한 스피치를 연습합니다.	· 150~199점
회화B	생활 회화와 업무 회화, 경어의 사용법도 연습합니다.	· 200~400점 · 회화A 수업에서 공부한 사람은 170점 이상이면 선택할 수 있습니다.
비즈니스 문서	업무 메일이나 서류의 작성법을 연습합니다.	· 200~400점
비즈니스 회화	업무 상황의 회화를 연습합니다. 취직시험의 준비도 합니다.	· 250~400점

어휘

会社 회사 | 働く 일하다 | 会話 회화 | 苦手な 서툰 | 仕事 업무 | 必要な 필요한 | 練習する 연습하다 | 考える 생각하다 | レベル 레벨 | チェック 체크 | テスト 테스트 | ビジネス 비즈니스 | 文書 문서 | 今学期 이번 학기 | 受ける 받다 | つける 표시하다 | 出す 제출하다 | 点数 점수 | 毎日 매일 | 生活 생활 | かんたんな[簡単な] 간단한, 쉬운 | スピーチ 스피치 | 敬語 경어 | 使い方 사용법 | 書類 서류 | 書き方 작성법 | 場面 장면 | 就職 취직 | 試験 시험 | 準備 준비

LEVEL 2

DAY 24 割引チラシ 할인 전단지

DAY_24

퀴즈 도전하기!

男の人と女の人がカラオケ店のホームページを見ながら話しています。どの部屋を予約しますか。（　　）

a　Aを4部屋
b　Aを1部屋とBを1部屋
c　Bを2部屋
d　Aを2部屋とBを1部屋

カラオケOK　みどり駅前店

★ 12月31日まで **20% OFF**！

20人以上 1,000円 OFF!

時間	月～木／金5時まで	学生	金曜日夜・週末
AM 10:00 ～ PM 5:00	¥200 ／ 1時間	¥100	¥300
PM 5:00 ～ PM 11:00	¥500	¥250	¥750

★ お部屋タイプ

※ 6歳以下のお子様は無料です。

A 1～5名 (12部屋)

B 6～10名 (5部屋)

C 11～15名 (2部屋)

독해 지문&퀴즈 해석

Q 퀴즈 도전하기!

남자와 여자가 노래방의 홈페이지를 보면서 이야기하고 있습니다.
어느 방을 예약하나요?

a A방 4개
b A방 1개와 B방 1개
c B방 2개
d A방 2개와 B방 1개

노래방OK 미도리역앞점

★ 12월 31일까지 20% OFF !

20명 이상 1,000엔 OFF!

시간	월~목/금 5시까지	학생	금요일 밤·주말
AM 10:00 ~ PM 5:00	200엔/1시간	100엔	300엔
PM 5:00 ~ PM 11:00	500엔	250엔	750엔

★ 방 타입   ※ 6세 이하의 어린이는 무료입니다.

A 1~5명(방 12개)   B 6~10명(방 5개)   C 11~15명(방 2개)

어휘

男の人 남자 | 女の人 여자 | カラオケ 노래방 | ~店 ~점(가게) | ホームページ 홈페이지 | 見る 보다 | 話す 이야기하다 | 部屋 방 | 予約 예약 | 駅前 역 앞 | ~人 ~명 | 以上 이상 | 時間 시간 | ~時 ~시 | 学生 학생 | 金曜日 금요일 | 夜 밤 | 週末 주말 | タイプ 타입 | ~歳 ~세 | 以下 이하 | お子様 어린이(높임) | 無料 무료 | ~名 ~명

DAY 25 写真展 사진전

写真展「私の国はどこ ～世界難民の日～」

毎年6月20日は「世界難民の日」です。世界には、いろいろな理由で生まれた国に住むことができない人・難民がたくさんいます。自分の国からほかの国へにげても、そこでの生活はたいへんです。

「世界難民の日」から一週間、「私の国はどこ ～世界難民の日～」写真展を文化センターで行います。難民キャンプで生活している楽しそうな子どもたち、悲しそうな母親などの写真から、平和な国に住んでいる私たちができることを考えてみませんか。

퀴즈 도전하기!

何月何日から何日まで、どこで、何がありますか。

___

독해 지문&퀴즈 해석

사진전 「나의 나라는 어디? ~세계 난민의 날~」

매년 6월 20일은 '세계 난민의 날'입니다. 세계에는 여러 가지 이유로 태어난 나라에서 살 수가 없는 사람, 난민이 많이 있습니다. 자신의 나라에서 다른 나라로 도망쳐도 그곳에서의 생활은 힘듭니다.

'세계 난민의 날'로부터 일주일, 「나의 나라는 어디? ~세계 난민의 날~」 사진전을 문화센터에서 개최합니다. 난민 캠프에서 생활하고 있는 즐거워 보이는 아이들, 슬퍼 보이는 어머니 등의 사진으로부터 평화로운 나라에 살고 있는 우리들이 할 수 있는 것을 생각해 보지 않겠습니까?

Q 퀴즈 도전하기!

몇 월 며칠부터 며칠까지, 어디에서, 무엇이 있나요?

어휘

写真展 사진전 | 国 나라, 모국 | 世界 세계 | 難民 난민 | 日 날 | 毎年 매년 | 20日 20일 | 理由 이유 | 生まれる 태어나다 | 住む 살다 | ほかの 다른 | にげる[逃げる] 도망가다 | 生活 생활 | たいへんな[大変な] 힘든 | ~週間 ~주일 | 文化センター 문화센터 | 行う 열다 | 開催하다 | キャンプ 캠프 | 楽しい 즐겁다 | 子どもたち 아이들 | 悲しい 슬프다 | 母親 어머니 | 写真 사진 | 平和な 평화로운 | 私たち 우리들 | 考える 생각하다 | 何月 몇 월 | 何日 며칠

DAY 26 交通事故 교통사고

Q1 〇ですか。×ですか。

① (　　) この事故でだれもけがをしませんでした。

② (　　) この交差点ではよく事故が起きます。

Q2 5人の中でこの事故を見ていない人はだれですか。　(　　　　)

a　Kei　　b　あき　　c　やまけん　　d　AKC　　e　ナミ

독해 지문&퀴즈 해석

8:45 AM
Home

나미
버스와 택시 운전사가 경찰과 이야기하고 있어. 버스 승객들은 안에 있어. 어떻게 하지?

AKC
지금 구급차가 와서 다친 사람이 3명 정도 실려 갔어요. 경찰도 왔어요. 사고 무서워.

야마켄
저 교차로에서 또 사고? 지난달에 큰 사고가 난 지 얼마 안 됐는데.

아키
나도 봤어. 눈앞에서 사고가 나서 깜짝 놀랐어!

Kei
지금 미나미구 3가 교차로에서 버스와 택시가 충돌했어요! 다친 사람은 없는 것 같아요.

Q1 퀴즈 도전하기! O인가요? X인가요?

① 이 사고로 아무도 다치지 않았습니다.
② 이 교차로에서는 자주 사고가 일어납니다.

Q2 퀴즈 도전하기! 5명 중에서 이 사고를 보지 않은 사람은 누구인가요?

a Kei **b** 아키 **c** 야마켄 **d** AKC **e** 나미

어휘

バス 버스 | **タクシー** 택시 | **運転手** 운전사 | **警察** 경찰 | **お客さん** 손님 | **救急車** 구급차 | **けがをする** 다치다 | **運ぶ** 옮기다 | **事故** 사고 | **こわい[怖い]** 무섭다 | **交差点** 교차로 | **先月** 지난달 | **起きる** 일어나다 | **びっくり** 깜짝 놀람 | **~区** ~구(행정구역) | **~丁目** ~초메 (일본 행정구역) | **ぶつかる** 부딪히다, 충돌하다

DAY 27 泥棒事件 도둑 사건

DAY_27

トップ＞ニュース＞記事

昨日午前6時ごろ、南市で92歳の女性が、男になぐられて現金6万円が入っている財布をとられた。女性は「アパートの近くへごみを出しに行って、戻ったら、知らない男が部屋にいた」と話している。女性は顔に軽いけがをした。警察は男をさがしている。

南市では先月からお年寄りの家にどろぼうが入る事件が6件おきている。これまでは家の人が出かけている昼間に、窓ガラスを割ったり、玄関のかぎを壊したりして、家に入るやり方だった。しかし、昨日の事件は、朝早い時間にかぎが閉まっていないドアから中に入っていた。警察は今までの事件と犯人が同じかどうか調べている。警察は「短い時間でも外出するときはかぎをかけてください」と呼びかけている。

Q 퀴즈 도전하기! このニュースのタイトルに合うのはどれですか。（　　）

a 部屋に知らない男、女性なぐられて顔にけが
b お年寄りの家にどろぼう、昼間に玄関のかぎ壊す
c 早朝のゴミ出し、ドアのかぎは閉めないで！
d 警察がさがしている男性、南市で財布とられる

독해 지문&퀴즈 해석

톱 > 뉴스 > 기사

　어제 오전 6시경, 미나미시에서 92세 여성이 남자에게 폭행당하고 현금 6만 엔이 들어 있는 지갑을 도둑맞았다. 여성은 '아파트 근처에 쓰레기를 버리러 갔다 돌아왔더니 모르는 남자가 방에 있었다'고 이야기하고 있다. 여성은 얼굴에 가벼운 상처를 입었다. 경찰은 남자를 찾고 있다.

　미나미시에서는 지난달부터 노인 집에 도둑이 들어오는 사건이 6건 발생하고 있다. 지금까지는 집에 있던 사람이 외출해 있는 낮에 창문을 깨거나 현관 열쇠를 부수거나 해서 집에 들어가는 수법이었다. 그러나 어제 사건은 이른 아침 시간에 잠겨 있지 않은 문을 통해 내부로 들어갔다. 경찰은 지금까지의 사건과 범인이 동일한지 조사하고 있다. 경찰은 '짧은 시간이라도 외출할 때는 문을 잠가 주세요'라고 호소하고 있다.

Q 퀴즈 도전하기! 이 뉴스의 제목으로 알맞은 것은 어느 것인가요?

a 방에 모르는 남자, 여성 폭행당해 얼굴에 상처
b 노인 집에 도둑, 낮에 현관 열쇠 부셔
c 이른 아침 쓰레기 배출, 현관문은 잠그지 마세요!
d 경찰이 찾고 있는 남성, 미나미시에서 지갑 도둑맞다

어휘

女性 여성 | 殴る 때리다 | 現金 현금 | 財布 지갑 | とられる 빼앗기다 | ごみ 쓰레기 | 出す 내놓다 | 戻る 되돌아가다 | 顔 얼굴 | 軽い 가볍다 | けがをする 다치다 | 警察 경찰 | さがす[探す] 찾다 | 先月 지난달 | お年寄り 노인 | どろぼう[泥棒] 도둑 | 事件 사건 | 出かける 외출하다 | 昼間 낮 | 窓ガラス 창문 | 割る 깨다 | 玄関 현관 | かぎ 열쇠 | 壊す 부수다 | やり方 수법 | 早い 이르다 | 閉まる 닫히다 | 犯人 범인 | 調べる 조사하다 | 短い 짧다 | 外出 외출 | かぎをかける 문을 잠그다 | 呼びかける 호소하다

LEVEL 2

DAY 28 忘れ物 분실물

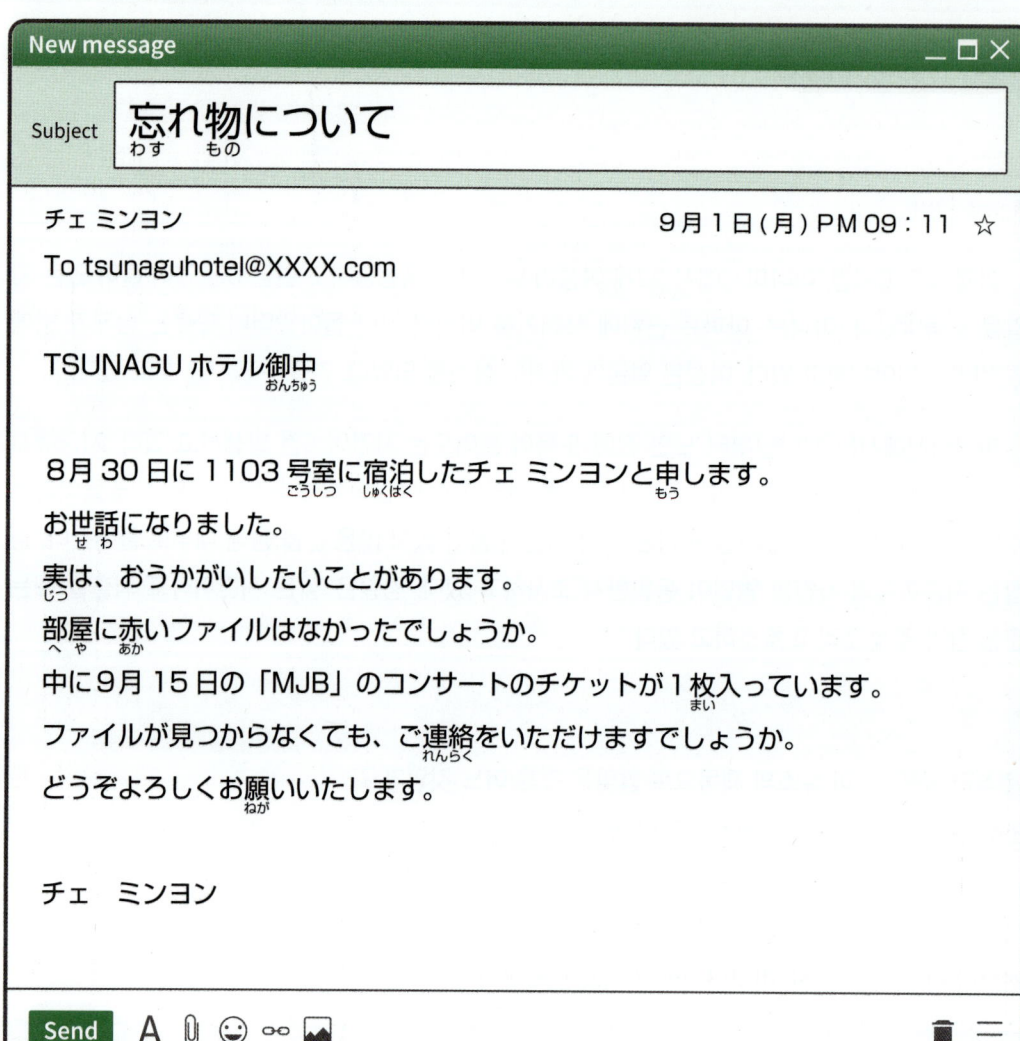

Q 퀴즈 도전하기! この人はどうしてこのメールを送りましたか。（　　）

a　ホテルのサービスがよかったから

b　チケットがなくなったから

c　今月またこのホテルに宿泊するから

d　ホテルのファイルがほしいから

독해 지문&퀴즈 해석

Subject 분실물에 대해서

최민용   9월1일(월) PM 09:11
To tsunaguhotel@XXXX.com

TSUNAGU호텔 재중

8월 30일에 1103호실에 숙박한 최민용이라고 합니다.
신세 많이 졌습니다.
실은, 여쭤보고 싶은 것이 있습니다.
방에 빨간 파일이 없었는지요?
파일 안에 9월 15일에 하는 'MJB'의 콘서트 티켓이 1장 들어 있습니다.
파일이 발견되지 않아도 연락을 받을 수 있을까요?
부디 잘 부탁드리겠습니다.

최민용

Q 퀴즈 도전하기! 이 사람은 왜 이 메일을 보냈나요?

a 호텔의 서비스가 좋았기 때문에
b 티켓이 없어졌기 때문에
c 이번 달에 또 이 호텔에 숙박하기 때문에
d 호텔의 파일이 갖고 싶기 때문에

어휘

忘れ物 분실물 | ~について ~에 대하여 | ホテル 호텔 | 御中 재중 | ~号室 ~호실 | 宿泊 숙박 | 申す 말하다(겸양어) | お世話になる 신세를 지다 | 実は 사실은 | うかがう[伺う] 여쭙다 | ファイル 파일 | コンサート 콘서트 | チケット 티켓 | ~枚 ~장 | 入る 들어가다 | 見つかる 발견되다 | 連絡 연락 | いただく 받다(겸양어) | お願いいたす 부탁드리다(겸양어) | 送る 보내다 | なくなる[無くなる] 없어지다 | 今月 이번 달 | ほしい[欲しい] 원하다, 갖고 싶다

DAY 29 血液型 혈액형

> 私たちの体に流れている血は、A型、B型、O型、AB型の4つです。自分の血液型を知らない人は少ないでしょう。では、どうしてC型ではなくて、O型なのでしょうか。
>
> 実は血液型の研究が始まったときは、A型、B型、C型の3つでした。後から、A型とB型の両方の性質があるAB型が見つかりました。するとC型は、「A型B型どちらの性質もない」という意味で、名前が「O(ゼロ)型」に変わりました。でも、「O(ゼロ)型」は「O(オー)型」と間違えられることが多くなってしまったので、専門家たちが相談して、1927年に「O(オー)型」と呼ぶことに決めたのです。

BLOOD TYPE

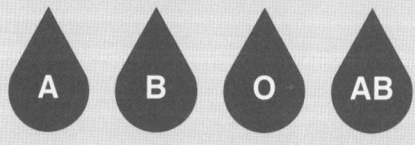

Q 퀴즈 도전하기! 何がどう変わりましたか。

독해 지문&퀴즈 해석

우리들의 몸에 흐르고 있는 피는 A형, B형, O형, AB형의 4가지입니다. 자신의 혈액형을 모르는 사람은 적을 것입니다. 그렇다면 왜 C형이 아니라 O형인 것일까요?

사실 혈액형의 연구가 시작되었을 때는 A형, B형, C형의 3가지였습니다. 이후에 A형과 B형 양쪽의 성질이 있는 AB형이 발견되었습니다. 그러자 C형은 'A형 B형 어느 쪽의 성질도 아니다'라는 의미로 명칭이 'O(제로)형'으로 바뀌었습니다. 그런데 'O(제로)형'은 'O(오)형'과 혼동하게 되는 경우가 많아져 버렸기 때문에 전문가들이 논의하여 1927년에 'O(오)형'이라고 부르는 것으로 결정한 것입니다.

Q 퀴즈 도전하기! 무엇이 어떻게 바뀌었나요?

어휘

私たち 우리들 | 体 몸 | 流れる 흐르다 | 血 피, 혈액 | ~型 ~형 | 自分 자기, 자신 | 血液型 혈액형 | 知る 알다 | 少ない 적다 | 実は 사실은 | 研究 연구 | 始まる 시작되다 | 両方 양쪽 | 性質 성질 | 見つかる 발견하다 | すると 그러자 | 意味 의미, 뜻 | 名前 이름 | ゼロ 제로, 0 | 変わる 바뀌다, 변하다 | 間違える 혼동하다 | 専門家 전문가 | 相談する 논의하다 | 呼ぶ 부르다 | 決める 결정하다

DAY 30 ポケットティッシュ
휴대용 티슈

DAY_30

PICK UP

　外国人に「日本でびっくりしたことは何ですか」と聞くと、「電車が時間ちょうどに来る」、「自動販売機がたくさんある」などのほかに、「ポケットティッシュを無料でくれる」と答える人が多い。日本では1960年の終わりごろから多くの人に何かを知らせたいときに、このやり方がよく使われている。ティッシュに入っているお知らせを見て、近くにできた店や、便利なサービスなどの新しい情報を知る人も多いだろう。インターネットを使えば、もっとかんたんに、そして安く、多くの人に情報を伝えることができる。しかし、ポケットティッシュは使い終わるまで何度も見るので、店の名前やサービスなどを覚えてもらいやすい。お金も時間もかかるが、効果があるやり方なのだ。

Q1 퀴즈 도전하기! 〇ですか。×ですか。

① (　　　) 日本人がポケットティッシュを使うことにおどろく外国人が多い。
② (　　　) 日本では1960年ごろからポケットティッシュがよく使われている。
③ (　　　) 日本ではティッシュに入っているお知らせを見て、新しい情報を知る人もいる。

Q2 퀴즈 도전하기! どうしてポケットティッシュを無料でくれるのですか。（　　　）

a　インターネットを使うよりかんたんだから
b　店の名前やサービスなどを覚えてもらいたいと思っているから
c　情報を伝えるのにお金も時間もかからないから

독해 지문&퀴즈 해석

외국인에게 '일본에서 깜짝 놀란 것은 무엇인가요?'라고 질문하면 '전철이 시간에 딱 맞추어 온다', '자동판매기가 많이 있다' 등 이외에 '휴대용 티슈를 무료로 준다'고 대답하는 사람이 많다. 일본에서는 1960년 말경부터 많은 사람에게 무언가를 알리고 싶을 때 이 방식이 자주 사용되고 있다. 티슈에 들어 있는 안내를 보고 근처에 생긴 상점이나 편리한 서비스 등의 새로운 정보를 알게 되는 사람도 많을 것이다. 인터넷을 사용하면 더 간단하게 그리고 저렴하게 많은 사람에게 정보를 전달할 수가 있다. 하지만 휴대용 티슈는 사용이 끝날 때까지 몇 번이나 보기 때문에 상점의 이름이나 서비스 등을 쉽게 기억할 수 있다. 돈도 시간도 들지만 효과가 있는 방식인 것이다.

Q1 퀴즈 도전하기! O인가요? X인가요?

① 일본인이 휴대용 티슈를 사용하는 것에 놀라는 외국인이 많다.
② 일본에서는 1960년경부터 휴대용 티슈가 자주 사용되고 있다.
③ 일본에서는 티슈에 들어 있는 안내를 보고 새로운 정보를 아는 사람도 있다.

Q2 퀴즈 도전하기! 왜 휴대용 티슈를 무료로 주는 것인가요?

a 인터넷을 사용하는 것보다 간단하기 때문에
b 상점의 이름이나 서비스 등을 기억했으면 좋겠다고 생각하기 때문에
c 정보를 전달하는 것에 돈도 시간도 들지 않기 때문에

어휘

外国人 외국인 | **ちょうど** 딱 | **自動** 자동 | **販売機** 판매기 | **ポケットティッシュ** 휴대용 티슈 | **無料** 무료 | **答える** 대답하다 | **終わり** 끝, 말 | **知らせる** 알리다 | **やり方** 방식 | **使う** 사용하다 | **入る** 들어가다 | **お知らせ** 안내 | **近く** 근처 | **店** 상점 | **便利な** 편리한 | **新しい** 새롭다 | **情報** 정보 | **知る** 알다 | **伝える** 전하다 | **~終わる** 다 ~하다 | **何度も** 몇 번이나 | **名前** 이름 | **覚える** 기억하다 | **~やすい** ~하기 쉽다 | **お金がかかる** 돈이 들다 | **効果** 효과

DAY 31 先生への手紙 선생님께 보내는 편지

 DAY_31

上田先生

　クラス会で久しぶりにお会いできて、うれしかったです。先生が来月80歳のお誕生日に、奥様とご一緒にヨーロッパへ旅行されることをお聞きしたときには、本当にびっくりしました。でもそのとき、卒業式で先生が「いつかやろうと思っていることがあるなら、今やりましょう」と言ってくださったことを思い出しました。ご自分がいつもなさっていることを、私たちに伝えてくださったのですね。私も40年後に先生のような80歳になれるように、いろいろなことにチャレンジしたいと思います。

　クラス会の写真をお送りします。次のクラス会でお目にかかるのを、楽しみにしております。先生、どうぞこれからもずっとお元気で。

中島 広海

Q1 퀴즈 도전하기! この手紙を書いた人は、今、何歳ですか。 ＿＿＿＿＿

Q2 퀴즈 도전하기! この人はどうして上田先生に手紙を書きましたか。 （　　）

a　来月先生の誕生日があるから
b　卒業式で先生がメッセージをくださったから
c　先生に写真を送りたかったから
d　次のクラス会でまた先生に会うから

독해 지문&퀴즈 해석

우에다 선생님

　학급 모임에서 오래간만에 만나 뵐 수 있어서 기뻤습니다. 선생님께서 다음 달의 80세 생신에 사모님과 함께 유럽으로 여행을 가신다는 말을 들었을 때는 정말 깜짝 놀랐습니다. 하지만 그때 졸업식에서 선생님이 '언젠가 하겠다고 생각했던 일이 있다면 지금 합시다'라고 해 주셨던 말씀을 떠올렸습니다. 선생님 자신이 항상 하시고 있는 일을 저희들에게 알려 주신 것이었네요. 저도 40년 후에 선생님과 같은 80세가 될 수 있도록 다양한 일에 도전해 보고 싶습니다.

　학급 모임 때 찍은 사진을 보내드리겠습니다. 다음 학급 모임에서 만나 뵐 것을 기대하고 있겠습니다. 선생님, 부디 앞으로도 계속 건강하시기를 바랍니다.

나카지마 히로미

Q1 퀴즈 도전하기! 이 편지를 쓴 사람은 지금 몇 살인가요?

Q2 퀴즈 도전하기! 이 사람은 왜 우에다 선생님에게 편지를 썼나요?

a 다음 달에 선생님의 생신이 있기 때문에
b 졸업식에서 선생님이 메시지를 주셨기 때문에
c 선생님에게 사진을 보내고 싶었기 때문에
d 다음 학급 모임에서 또 선생님을 만나기 때문에

어휘

クラス会 학급 모임 | 久しぶりに 오래간만에 | 来月 다음 달 | お誕生日 생신 | 奥様 사모님 | 一緒に 함께 | ヨーロッパ 유럽 | 旅行 여행 | ~される ~하시다(존경) | 聞く 듣다 | 卒業式 졸업식 | 思い出す 떠올리다 | なさる 하시다(존경어) | 伝える 전하다 | チャレンジ 챌린지, 도전 | 写真 사진 | 送る 보내다 | 次 다음 | お目にかかる 만나 뵙다(겸양어) | 楽しみにする 기대하다 | お元気で 건강히 | 手紙 편지 | 何歳 몇 살 | メッセージ 메시지

DAY 32 スニーカーの注文 운동화 주문

🎧 DAY_32

TSUNAGU ONLINE SHOP　　キーワードから探す🔍

スニーカーの店　てくてく　TSUNAGU NET SHOP 店

HASK 新モデル HH5205jskm

4,300 円 (税込)

大人気の HASK の最新モデルです!!

サイズ　27.5cm　　数　2

商品を注文する 🛒

『てくてく』の商品をご覧いただき、ありがとうございます。

- お支払いはクレジットカード払いかコンビニ払いかを選んでいただけます。
- 5,000 円以上のご注文で送料無料。4,999 円以下は送料が 800 円かかります。
- 商品はご注文から 3～5 日後にお送りします。(土日祝日は休業)
- 早送りサービス：＋500 円でご注文の次の日にお届けします。
- ご注文後は、ご連絡をいただいてもキャンセルをお受けできません。
- 商品の返品、交換は一週間以内にメールでお知らせください。

スニーカーの店　てくてく　東京都新宿区〇〇 2-15-36 つなぐビル 3 F
TEL：03-1192-89XX ／ E メール：tekuteku_kutsu@HAXX.com

Q1 퀴즈 도전하기!　〇ですか。×ですか。

① (　　) この商品のお金の払い方は一つではない。

② (　　) この商品は家に届く前なら、メールでキャンセルができる。

③ (　　) 届いた商品があまりいいと思わなかったら、一週間以内に商品を店に返さなくてはいけない。

Q2 퀴즈 도전하기!　週末この商品を１足注文して、来週中に届けてもらいたいとき、全部でいくら払いますか。 ＿＿＿＿＿＿

독해 지문&퀴즈 해석

운동화 상점　데쿠테쿠　TSUNAGU NET SHOP점

HASK 새 모델 HH5205jskm
4,300엔(소비세 포함)
대인기 HASK의 최신 모델입니다!!
사이즈 27.5cm　수량 2

상품을 주문하다 🛒

'데쿠테쿠'의 상품을 검색해 주셔서 감사합니다.
· 결제는 신용카드 결제나 편의점 결제를 선택할 수 있습니다.
· 5,000엔 이상의 주문은 배송료 무료. 4,999엔 이하는 배송료가 800엔 듭니다.
· 상품은 주문일로부터 3~5일 후에 보내드립니다. (토, 일, 공휴일은 휴무)
· 빠른 배송 서비스: +500엔으로 주문한 다음 날에 배송합니다.
· 주문 후에는 연락을 주셔도 취소를 접수할 수 없습니다.
· 상품의 반품, 교환은 1주일 이내에 메일로 알려 주십시오.

운동화 상점　데쿠테쿠　도쿄도 신주쿠구 ○○ 2-15-26 쓰나구빌딩 3F
TEL: 03-1192-89XX / E메일: tekuteku_kutsu@HAXX.com

Q1 퀴즈 도전하기! O인가요? X인가요?

① 이 상품의 대금 결제 방법은 한 가지가 아니다.
② 이 상품은 집에 배송되기 전이라면 메일로 취소를 할 수 있다.
③ 배송된 상품이 별로 좋다는 생각이 들지 않으면, 1주일 이내에 상품을 상점에 반납해야 한다.

Q2 퀴즈 도전하기!
주말에 이 상품을 한 켤레 주문하고 다음 주 중에 배송받고 싶을 때, 전부 해서 얼마 지불하나요?

어휘

スニーカー 운동화 | 税込(ぜいこみ) 세금 포함 | 最新(さいしん) 최신 | 数(かず) 수량 | 商品(しょうひん) 상품 | 注文(ちゅうもん) 주문 | お支払(しはら)い 지불, 결제 | 選(えら)ぶ 고르다 | 以上(いじょう) 이상
送料(そうりょう) 배송료 | 無料(むりょう) 무료 | 以下(いか) 이하 | 祝日(しゅくじつ) 공휴일 | 休業(きゅうぎょう) 휴무 | 早送(はやおく)り 빠른 배송 | 届(とど)ける 배송하다 | 連絡(れんらく) 연락 | 受(う)ける 받다 | 返品(へんぴん) 반품 | 交換(こうかん) 교환 | 以内(いない) 이내 | 知(し)らせる 알리다 | お金(かね) 돈 | 届(とど)く 배송되다 | 返(かえ)す 반환하다 | 週末(しゅうまつ) 주말 | ~足(そく) ~켤레

DAY 33 言葉遊び 말놀이

PICK UP

「しりとり」は子どもが大好きな遊びですが、大人になってからも楽しめて、頭の働きをよくするのです。遊び方を3つご紹介しましょう。

1つ目はテーマを決めておくやり方です。例えば「きれいなもの」とか、「食べられるもの」など、みんなの考えが同じではないテーマにすると、おもしろいです。

2つ目は「しりとり」の反対の「あたまとり」です。「しりとり」は、前の人が言った言葉の最後の文字から始まる言葉を言いますが、「あたまとり」はその反対で、前の人が言った言葉の最初の文字で終わる言葉を考えるのです。かんたんそうですが、やってみるととても難しいです。

最後は、上の2つをミックスした遊び方です。これを長い時間やっているとちょっと疲れますが、頭を使って遊ぶのは楽しいですから、ぜひやってみてください。

Q 퀴즈 도전하기! やってみましょう。

① しりとり：つくえ → _____ → _____

② しりとり(国の名前)：タイ → _____ → _____

③ あたまとり：えいが → _____ → _____

④ あたまとり(家にあるもの)：いす → _____ → _____

독해 지문&퀴즈 해석

'끝말잇기'는 아이들이 매우 좋아하는 놀이입니다만, 어른이 된 후에도 즐길 수 있어서 두뇌 회전을 좋게 만드는 놀이입니다. 놀이 방법을 3가지 소개합시다.

첫 번째는 테마를 정해 놓는 방법입니다. 예를 들어 '예쁜 것'이라든가 '먹을 수 있는 것' 등, 모두의 생각이 똑같지 않은 테마로 하면 재미있습니다.

두 번째는 '끝말잇기'의 반대인 '첫말잇기'입니다. '끝말잇기'는 앞사람이 말한 단어의 마지막 글자로 시작되는 단어를 말합니다만, '첫말잇기'는 그 반대로, 앞사람이 말한 단어의 첫 글자로 끝나는 단어를 생각하는 것입니다. 간단해 보이지만 해 보면 매우 어렵습니다.

마지막은 위의 2가지를 섞은 놀이 방법입니다. 이 놀이를 긴 시간 하고 있으면 조금 지칩니다만, 두뇌를 사용하여 노는 것은 즐겁기 때문에 꼭 해 보세요.

Q 퀴즈 도전하기! (말놀이를) 해 봅시다.

① 끝말잇기 : つくえ(책상)
② 끝말잇기(나라 이름) : タイ(태국)
③ 첫말잇기 : えいが(영화)
④ 첫말잇기(집에 있는 물건) : いす(의자)

어휘

しりとり 끝말잇기 | 大好きな 매우 좋아하는 | 遊び 놀이 | 大人 어른 | 楽しむ 즐기다 | 頭 머리, 두뇌 | 働き 회전 | 紹介 소개 | 決める 정하다 | やり方 방법 | 例えば 예를 들어 | 考え 생각 | 反対 반대 | あたまとり 첫말잇기 | 言葉 단어 | 最後 최후, 마지막 | 文字 글자 | 始まる 시작되다 | 最初 최초, 처음 | 終わる 끝나다 | 難しい 어렵다 | ミックスする 믹스하다, 섞다 | 疲れる 지치다, 피곤하다 | かんたんな [簡単な] 간단한, 쉬운 | 楽しい 즐겁다 | ぜひ 꼭

LEVEL 2　77

DAY 34 細菌とウイルス　세균과 바이러스

 DAY_34

PICK UP

　去年の夏、私は急におなかが痛くなりました。熱も出たので病院へ行ったら、「食中毒」だと言われました。食中毒の原因は、肉や魚、野菜などについている「サルモネラ菌」などの細菌です。医者に「生ものは食べないように」と注意されて気をつけていました。それなのに、冬になってまたおなかが痛くなり、高熱が出ました。「また食中毒かな」と思って病院へ行くと、今度は「インフルエンザ」だと言われました。インフルエンザの原因は細菌ではなくて、ウイルスです。

　細菌とウイルスは何がちがうのでしょうか。気になって調べてみました。すると、細菌は一つの細胞(cell)でできている「生物」で、水や栄養があれば大きくなり、自分の体を半分に分けてどんどん増えることがわかりました。ウイルスは細胞を持っていませんが、DNAを持っています。動物の体に入ってその動物の細胞の中に自分のDNAを送り、自分のコピーを作って増えるのです。

　細菌もウイルスも、人から人へうつって病気を広げます。よく手を洗ってうがいをして、体の中に入れないように気をつけて生活しましょう。

Q1 퀴즈 도전하기!　〇ですか。×ですか。

① (　　) 食中毒とインフルエンザの原因は同じではない。
② (　　) 細菌はほかの動物の体を半分に分けて増える。
③ (　　) ウィルスは動物の体の中で増えることができる。

Q2 퀴즈 도전하기!　細菌とウイルスの一番大きいちがいは何だと言っていますか。

독해 지문&퀴즈 해석

작년 여름에 저는 갑자기 배가 아팠습니다. 열도 났기 때문에 병원에 갔더니 '식중독'이라고 들었습니다. 식중독의 원인은 고기나 생선, 채소 등에 붙어 있는 '살모넬라균' 등의 세균입니다. 의사에게 '날것은 먹지 않도록' 하라는 주의사항을 듣고 조심하고 있었습니다. 그럼에도 겨울이 되어 또 배가 아프고 고열이 났습니다. '또 식중독인가' 하고 생각하여 병원에 가니, 이번에는 '인플루엔자'라고 들었습니다. 인플루엔자의 원인은 세균이 아니라 바이러스입니다.

세균과 바이러스는 무엇이 다른 것일까요? 신경이 쓰여서 조사해 보았습니다. 그러자, 세균은 1개의 세포(cell)로 되어 있는 '생물'로, 물이나 영양분이 있으면 커지고 자신의 몸을 절반으로 나누어 점점 증가한다는 사실을 알았습니다. 바이러스는 세포를 가지고 있지 않지만, DNA를 가지고 있습니다. 동물의 몸에 들어가서 그 동물의 세포 안에 자신의 DNA를 보내어 자신의 복제를 만들어 증가시키는 것입니다.

세균도 바이러스도 사람에서 사람으로 옮겨져 병을 퍼뜨립니다. 자주 손을 씻고 입을 헹구어 몸 속에 넣지 않도록 주의하면서 생활합시다.

Q1 퀴즈 도전하기! O인가요? X인가요?
① 식중독과 인플루엔자의 원인은 똑같지 않다.
② 세균은 다른 동물의 몸을 절반으로 나누어 증가한다.
③ 바이러스는 동물의 몸 속에서 증가할 수 있다.

Q2 퀴즈 도전하기! 세균과 바이러스의 가장 큰 차이는 무엇이라고 말하나요?

어휘

去年 작년 | 痛い 아프다 | 熱が出る 열이 나다 | 病院 병원 | 食中毒 식중독 | 原因 원인 | 肉 고기 | 魚 생선 | 野菜 채소 | サルモネラ菌 살모넬라균 | 細菌 세균 | 医者 의사 | 生もの 날것 | 注意 주의 | 冬 겨울 | 高熱 고열 | インフルエンザ 인플루엔자 | ウイルス 바이러스 | 気になる 신경 쓰이다 | 細胞 세포 | 生物 생물 | 栄養 영양 | 半分 절반 | 分ける 나누다 | 増える 증가하다 | 動物 동물 | 送る 보내다 | コピー 복제 | 病気 병 | 広げる 퍼뜨리다 | 洗う 씻다 | うがいをする 입을 헹구다 | 入れる 넣다 | 生活 생활

DAY 35 スポーツジム 헬스장

Q 퀴즈 도전하기!

家の近くのジムに通いたいと思っています。マシントレーニングだけではなくて、ヨガもやりたいです。そして、水泳も習ってみたいです。毎月 15,000 円までで、平日の夜か週末に行くつもりですが、どのコースがいいですか。（　　）

a　プラン A　　b　プラン B　　c　プラン C　　d　プラン D

TSUNAGU スポーツジム 入会案内

プラン	利用時間	料金	
A	平日・週末 10：00～23：00	20,000 円／月	いつでもしっかりトレーニングできます。
B	平日夜 18：00～23：00	10,000 円／月	お仕事のあと、体をうごかしましょう！
C	週末 10：00～23：00	12,000 円／月	平日はいそがしい方、週末にどうぞ！
D	一か月 2 回まで （プラン A と同じ）	4,000 円／月	つづけられるか心配な方、まずやってみましょう！

マシントレーニング　水泳　エアロビクス　ヨガ

독해 지문&퀴즈 해석

Q 퀴즈 도전하기!

집 근처의 헬스장에 다니고 싶습니다. 기계 운동뿐만 아니라 요가도 하고 싶습니다. 그리고 수영도 배워 보고 싶습니다. 매달 15,000엔까지로, 평일 밤이나 주말에 갈 생각입니다만, 어느 코스가 좋나요?

a 플랜A　　b 플랜B　　c 플랜C　　d 플랜D

TSUNAGU헬스장 입회 안내

플랜	이용 시간	요금	
A	평일·주말 10:00~23:00	20,000엔/월	언제든지 꼼꼼하게 운동할 수 있습니다. (기계 운동, 수영, 에어로빅, 요가)
B	평일 밤 18:00~23:00	10,000엔/월	업무가 끝난 후, 몸을 움직입시다! (기계 운동, 에어로빅, 요가)
C	주말 10:00~23:00	12,000엔/월	평일은 바쁜 분, 주말에 이용하세요! (기계 운동, 수영, 요가)
D	월 2회까지 (플랜A와 동일)	4,000엔/월	계속할 수 있을지 걱정되는 분, 우선 시작해 봅시다! (기계 운동, 에어로빅, 요가)

🚶 기계 운동　🏊 수영　🤸 에어로빅　🧘 요가

어휘

近く 근처｜ジム 헬스장｜通う 다니다｜マシン 머신｜トレーニング 트레이닝｜ヨガ 요가｜水泳 수영｜習う 배우다｜毎月 매달｜平日 평일｜週末 주말｜コース 코스｜プラン 플랜｜スポーツ 스포츠｜入会 입회｜案内 안내｜利用 이용｜時間 시간｜料金 요금｜月 월｜体 몸｜うごかす[動かす] 움직이다｜いそがしい[忙しい] 바쁘다｜つづける[続ける] 계속하다｜心配な 걱정되는｜エアロビクス 에어로빅

DAY 36 伝言メモ 전달 메모

Q 퀴즈 도전하기!

女の人と男の人がメモを見ながら、話しています。

どのメモを見ていますか。　(　　)

a

伝言メモ

前田さん　　　　受付：山川

11月5日(木) PM 2:00

人事部　花田さんが
書類を持って来られました。
机の上に置いてあります。

b

伝言メモ

前田さん　　　　受付：山川

11月5日(木) PM 1:15

システム部　有田さんから
連絡がありました。
来週のミーティングは
木曜日の2時からです。

c

伝言メモ

前田さん　　　　受付：山川

11月5日(木) AM 11:30

つなぐ社　上野さまから
お電話がありました。
夕方もう一度お電話して
くださいます。

d

伝言メモ

前田さん　　　　受付：山川

11月5日(木) PM 3:25

HASK社　山口さまから
お電話がありました。
明日お電話をお願いいた
します。

독해 지문&퀴즈 해석

Q 퀴즈 도전하기!

여자와 남자가 메모를 보면서 이야기하고 있습니다.
어느 메모를 보고 있나요?

a

전달 메모

마에다 씨   접수 : 야마카와
11월 5일(목) PM 2:00

인사부 하나다 씨가
서류를 가져오셨습니다.
책상 위에 올려져 있습니다.

b

전달 메모

마에다 씨   접수 : 야마카와
11월 5일(목) PM 1:15

시스템부 아리타 씨로부터
연락이 왔었습니다.
다음 주의 미팅은
목요일 2시부터입니다.

c

전달 메모

마에다 씨   접수 : 야마카와
11월 5일(목) AM 11:30

쓰나구사 우에노 님으로부터
전화가 왔었습니다.
저녁때 다시 한번 전화를
주실 것입니다.

d

전달 메모

마에다 씨   접수 : 야마카와
11월 5일(목) PM 3:25

HASK사 야마구치 님으로부터
전화가 왔었습니다.
내일 전화해 주실 것을
부탁드리겠습니다.

어휘

メモ 메모 | ~ながら ~하면서 | 話す 이야기하다 | 伝言 전언, 전달 | 受付 접수 | 人事部 인사부 | 書類 서류 | 持って来られる 가져오시다 (존경어) | 机 책상 | 置く 놓다, 두다 | システム部 시스템부 | 連絡 연락 | ミーティング 미팅, 회의 | 木曜日 목요일 | ~さま[様] ~님 (높임) | 電話 전화 | 夕方 저녁때 | お願いいたす 부탁드리다(겸양어)

LEVEL 2 83

DAY 37 緊張 긴장

PICK UP

緊張

初めて何かするときや、おおぜいの人の前に立ったとき、また、大きい試験や試合の前になると、緊張してしまうときがあります。「うまくやりたい」と思う気持ちが強いと、失敗したときのことを考えて心配になり、心も体も固くなってしまうのです。

よく緊張してしまう人は、まず、しっかり準備をしましょう。そうすれば、「準備したから、大丈夫」と思って、少し安心できます。それでも緊張したときは、大きく息を吸ってゆっくり吐いてください。首と肩を回してみましょう。少しリラックスできるはずです。「緊張するからやりたくない」と思わないで、どんどんやってみましょう。何回も緊張すると、緊張することに慣れます。「準備」と「リラックス」、そして「緊張に慣れる」、この3つのことができれば、気持ちはずいぶん楽になるでしょう。

Q1 퀴즈 도전하기!   ○ですか。×ですか。

① (　　) 緊張してしまうのは、「うまくやりたい」と強く思うからだ。
② (　　) 緊張する前に、大きく息を吸ったり、体を動かしたりしておいたほうがいい。
③ (　　) 何回緊張しても、緊張することに慣れない。

Q2 퀴즈 도전하기!

「緊張するからやりたくない」と思わないで、どんどんやってみたら、どうなりますか。

독해 지문&퀴즈 해석

긴장

처음으로 무언가를 할 때나 많은 사람 앞에 섰을 때, 또 큰 시험이나 시합 전이 되면 긴장이 되는 경우가 있습니다. '잘하고 싶다'고 생각하는 마음이 강하면 실패했을 때의 상황을 생각하여 걱정이 되고 마음도 몸도 굳어져 버리는 것입니다.

자주 긴장이 되는 사람은 먼저 제대로 준비를 합시다. 그렇게 하면 '준비했으니까 괜찮다'고 생각하여 조금 안심할 수 있습니다. 그래도 긴장이 되었을 때는 크게 숨을 들이 마시고 천천히 내쉬세요. 목과 어깨를 돌려 봅시다. 분명 조금 릴랙스될 것입니다. '긴장되기 때문에 하고 싶지 않다'는 생각은 하지 말고 자꾸 해 봅시다. 몇 번이고 계속 긴장되면 긴장되는 것에 익숙해집니다. '준비'와 '릴랙스' 그리고 '긴장에 익숙해지기', 이 3가지를 할 수 있다면 기분은 꽤 편해질 것입니다.

Q1 퀴즈 도전하기! O인가요? X인가요?

① 긴장이 되는 것은 '잘하고 싶다'고 강하게 생각하기 때문이다.
② 긴장되기 전에 크게 숨을 들이쉬거나 몸을 움직여 놓는 편이 좋다.
③ 몇 번이고 계속 긴장되어도 긴장되는 것에 익숙해지지 않는다.

Q2 퀴즈 도전하기!

'긴장되기 때문에 하고 싶지 않다'는 생각은 하지 말고 자꾸 해 보면 어떻게 되나요?

어휘

緊張 긴장 | **初めて** 처음으로 | **おおぜい[大勢]** 많은 사람 | **立つ** 일어서다 | **試験** 시험 | **試合** 시합, 경기 | **失敗** 실패 | **考える** 생각하다 | **心配な** 걱정되는 | **心** 마음 | **体** 몸 | **固い** 굳다 | **しっかり** 제대로, 확실히 | **準備** 준비 | **安心** 안심 | **息** 숨, 호흡 | **吸う** 들이마시다 | **吐く** 내뱉다 | **首** 목 | **肩** 어깨 | **回す** 돌리다 | **リラックス** 릴랙스 | **どんどん** 자꾸 | **何回** 몇 번 | **慣れる** 익숙해지다, 적응되다 | **ずいぶん** 꽤, 상당히 | **楽になる** 편해지다

DAY 38 スケジュールの変更

스케줄 변경

 DAY_38

Subject 健康セミナー スケジュール変更のお知らせ

HA社 朝田英一　　　　　　　　　　　11月5日(火) AM10:47 ☆
To tsunaguhotel@XXXX.com

安田 正 様

先日は健康セミナー(2日間コース)にお申し込みいただきまして、ありがとうございます。たいへん申し訳ないのですが、セミナーの内容がご案内していたものと少し変わりましたので、ご連絡いたしました。
2日目は以下のプログラムになりますので、ご確認くださいますようお願いいたします。
■ 変更前：ヨガ
■ 変更後：ストレッチ（テレビで大人気のマーク大島先生が担当してくださいます。）
※キャンセルについて
2日目をキャンセルなさる場合、セミナー参加費(￥10,000)の半額をお返しします。
11月30日(月)までにお電話かメールでご連絡ください。
よろしくお願いいたします。

HA社　健康セミナー担当　森

Q1 퀴즈 도전하기!　〇ですか。×ですか。

① (　　) セミナーの1日目はヨガ、2日目はストレッチの予定でした。
② (　　) セミナーは2日間の予定でしたが、1日になりました。
③ (　　) ヨガのレッスンはなくなって、ストレッチのレッスンになりました。

Q2 퀴즈 도전하기!　安田さんは2日目をキャンセルします。お金はどうなりますか。

독해 지문&퀴즈 해석

Subject 건강 세미나 스케줄 변경 안내

HA사 아사다 에이치   11월 5일(화) AM 10:47

To tsunaguhotel@XXXX.com

야스다 다다시 님

요전날은 건강 세미나(2일 코스)를 신청해 주셔서 감사드립니다. 대단히 송구합니다만, 세미나의 내용이 안내해 드렸던 것과 조금 변경되었기에 연락 드렸습니다.

2일차는 아래의 프로그램으로 진행되므로 확인해 주시기를 부탁드립니다.

■ 변경 전 : 요가
■ 변경 후 : 스트레칭(TV에서 인기 많은 마크 오시마 선생님이 담당해 주십니다.)

※취소에 대하여

2일차를 취소하시는 경우, 세미나 참가비(10,000엔)의 반액을 반환해 드립니다.

11월 30일(월)까지 전화나 메일로 연락 주십시오.

잘 부탁드리겠습니다.

HA사 건강 세미나 담당 모리

Q1 퀴즈 도전하기! O인가요? X인가요?

① 세미나의 1일차는 요가, 2일차는 스트레칭의 일정이었습니다.
② 세미나는 2일 동안의 일정이었는데, 1일이 되었습니다.
③ 요가 레슨은 없어지고, 스트레칭 레슨이 되었습니다.

Q2 퀴즈 도전하기! 야스다 씨는 2일차를 취소하려고 합니다. 요금은 어떻게 되나요?

어휘

健康 건강 | セミナー 세미나 | スケジュール 스케줄 | 変更 변경 | お知らせ 안내 | 先日 요전날 | 申し込み 신청 | 申し訳ない 송구하다 | 内容 내용 | 案内 안내 | 変わる 변경되다 | 連絡 연락 | ~目 ~차, ~째 | 以下 이하 | プログラム 프로그램 | 確認 확인 | ストレッチ 스트레칭 | 担当 담당 | 場合 경우 | 参加費 참가비 | 半額 반액 | 返す 돌려주다 | 電話 전화 | 予定 일정 | レッスン 레슨 | なくなる [無くなる] 없어지다 | お金 돈

DAY 39 クラスの開講 강좌 개강

ビジネス日本語クラス　開講のお知らせ

「日本で就職したいけど、どうすればいいのかわからない」、「帰国して日本の会社に就職したいけど、心配だ」という声をよく聞きます。まだ就職の準備をしていない人は、来月から始まるビジネス日本語のクラスにぜひ参加してください。

期間：5月12日〜7月21日（毎週土曜日　午前10時〜午後2時半）
　　　全10回
内容：ビジネス会話、ビジネスマナー、ビジネス文書の書き方、面接の練習など
学費：20,000円
　　　※前の学期にビジネス日本語クラスを受講した場合は18,000円
申し込み：10月4日までに受付に申込書と学費を持って来てください。

　　　　　　　　　　　　　　　　　　　　　つなぐ日本語学校　事務局

Q1 퀴즈 도전하기!　このクラスで勉強したらいいのは、どの人ですか。　(　　)
a　日本の会社で働きながら、日本語学校で勉強している人
b　就職できる日本の会社を紹介してもらいたいと考えている人
c　将来日本の会社で働こうと思っている人

Q2 퀴즈 도전하기!

初めてこのクラスで勉強したいと思っている人は、何をすればいいですか。

독해 지문&퀴즈 해석

비즈니스 일본어 강좌 개강 안내

'일본에서 취직하고 싶은데, 어떻게 하면 되는지 모르겠다', '귀국해서 일본 회사에 취직하고 싶지만, 걱정된다'는 목소리를 자주 듣습니다. 아직 취직 준비를 하고 있지 않은 사람은 다음 달부터 시작되는 비즈니스 일본어 강좌에 꼭 참가해 주세요.

기간 : 5월 12일~7월 21일(매주 토요일 오전 10시~오후 2시 반)
　　　　총 10회
내용 : 비즈니스 회화, 비즈니스 매너, 비즈니스 문서의 작성법, 면접 연습 등
학비 : 20,000엔
　　　　※이전 학기에 비즈니스 일본어 강좌를 수강한 경우는 18,000엔
신청 : 10월 4일까지 접수처에 신청서와 학비를 가져와 주세요.

쓰나구일본어학교 사무국

Q1 퀴즈 도전하기! 이 강좌에서 공부하면 좋은 사람은 누구인가요?

a 일본 회사에서 근무하며 일본어학교에서 공부하고 있는 사람
b 취직할 수 있는 일본 회사를 소개받고 싶다고 생각하는 사람
c 앞으로 일본 회사에서 근무하려고 생각하는 사람

Q2 퀴즈 도전하기!

처음으로 이 강좌에서 공부하고 싶다고 생각하는 사람은 무엇을 하면 되나요?

어휘

ビジネス 비즈니스 | クラス 강좌 | 開講(かいこう) 개강 | お知(し)らせ 안내 | 就職(しゅうしょく) 취직 | 帰国(きこく) 귀국 | 会社(かいしゃ) 회사 | 心配(しんぱい)な 걱정되는 | 声(こえ) 목소리 | 準備(じゅんび) 준비 | 始(はじ)まる 시작되다 | 参加(さんか) 참가 | 期間(きかん) 기간 | 毎週(まいしゅう) 매주 | 内容(ないよう) 내용 | 会話(かいわ) 회화 | マナー 매너 | 文書(ぶんしょ) 문서 | 書(か)き方(かた) 작성법 | 面接(めんせつ) 면접 | 練習(れんしゅう) 연습 | 学費(がくひ) 학비 | 学期(がっき) 학기 | 受講(じゅこう) 수강 | 申(もう)し込(こ)み 신청 | 受付(うけつけ) 접수처 | 事務局(じむきょく) 사무국 | 働(はたら)く 근무하다 | 紹介(しょうかい) 소개 | 将来(しょうらい) 앞으로 | 初(はじ)めて 처음으로

DAY 40 ペットロス 펫 로스 (pet loss)

PICK UP

ペットロス

生きている中で一番つらいことは、「大切な人」の死でしょう。それはペットが亡くなったときも同じです。

会社員のAさんは、12年間一緒に生活した愛犬のココを事故で亡くしました。Aさんは仕事中にときどきココを思い出して泣いてしまっていたのですが、「次のペットを飼ったらどう？ 早く元気を出して」と同僚に言われて、「泣いてはいけない」と思ったそうです。Aさんはその日から眠れなくなって、どんどん体調が悪くなってしまいました。でもある日、ペットの猫を病気で亡くした友だちに会って、二人で泣きながらペットのことを話したら、少し心が軽くなったそうです。そして、それからAさんはだんだん元気になりました。

大切なペットが亡くなって悲しくつらい気持ちになることを、「ペットロス」と言います。悲しい気持ちが強いと心の病気になり、そこから体の病気になってしまう人も少なくありません。ですから、ペットが亡くなってしまったら、無理をしないで、ペットのことを温かい気持ちで思い出せるようになるまで悲しむことが大切です。もし、近くにペットロスの人がいたら、何かをアドバイスするのではなく、一緒に悲しんであげてください。

Q1 퀴즈 도전하기! 〇ですか。×ですか。

① (　　　) Aさんは同僚に「早く元気を出して」と言われて、うれしいと思いました。

② (　　　) 同じ気持ちの友だちと泣きながら話して、Aさんは少し楽になりました。

③ (　　　) ペットロスになったら、ペットのことをできるだけ思い出さないほうがいいです。

Q2 퀴즈 도전하기!

どうしてAさんは眠れなくなって、どんどん体調が悪くなってしまったのですか。

독해 지문&퀴즈 해석

펫 로스(pet loss)

살아가는 동안에 가장 괴로운 일은 '소중한 사람'의 죽음일 것입니다. 그것은 반려동물이 죽었을 때도 마찬가지입니다.

회사원 A씨는 12년 동안 함께 생활했던 반려견 '코코'를 사고로 잃었습니다. A씨는 업무 중에 가끔 코코를 떠올리며 울어 버리곤 했지만, '이어서 다른 반려동물을 키우면 어때? 빨리 기운 내'라는 말을 동료에게 듣고 '울어서는 안 된다'는 생각을 했다고 합니다. A씨는 그날로부터 잠들지 못하게 되어 자꾸 컨디션이 안 좋아지고 말았습니다. 하지만 어느 날 반려묘를 병으로 잃은 친구를 만나 두 사람이 함께 울면서 반려동물 이야기를 했더니 조금 마음이 가벼워졌다고 합니다. 그리고 그 후로 A씨는 점점 건강해졌습니다.

소중한 반려동물이 죽어 슬프고 괴로운 마음이 되는 것을 '펫 로스'라고 합니다. 슬픈 기분이 강하면 마음의 병이 되고, 그것으로부터 몸의 병이 되어 버리는 사람도 적지 않습니다. 그렇기 때문에 반려동물이 죽어 버렸다면 무리하지 말고 반려동물을 따뜻한 마음으로 떠올릴 수 있게 될 때까지 슬퍼하는 것이 중요합니다. 만일 주변에 펫 로스인 사람이 있다면 무언가를 조언하는 것이 아니라 함께 슬퍼해 주세요.

Q1 퀴즈 도전하기! O인가요? X인가요?

① A씨는 동료에게 '빨리 기운 내'라는 말을 듣고 기쁘다고 생각했습니다.
② 같은 마음인 친구와 울면서 이야기하여 A씨는 조금 편해졌습니다.
③ 펫 로스가 되면 반려동물을 되도록 떠올리지 않는 편이 좋습니다.

Q2 퀴즈 도전하기!

왜 A씨는 잠들지 못하게 되어 자꾸 컨디션이 안 좋아지게 된 것인가요?

어휘

生きる 살다 | 死 죽음 | ペット 반려동물 | 亡くなる 죽다 | 会社員 회사원 | 生活 생활 | 愛犬 애견 | 事故 사고 | 亡くす (죽음으로) 잃다 | 仕事 업무 | 思い出す 떠올리다 | 泣く 울다 | 飼う 기르다 | 元気を出す 기운을 내다 | 同僚 동료 | 眠る 잠들다 | 体調 컨디션 | 病気 병 | 軽い 가볍다 | 悲しい 슬프다 | 強い 강하다 | 体 몸 | 少ない 적다 | 温かい 따뜻하다 | 悲しむ 슬퍼하다 | アドバイス 조언 | 楽になる 편해지다 | できるだけ 되도록, 가능한 한

DAY 41 ~ DAY 60

LEVEL 2와 비슷한 JLPT N3 수준의 문형으로 구성되어 있어요.
어휘력이 필요한 길이가 긴 지문을 통해
일본어 독해에 자신감을 가져 보세요!

핵심 문형 한눈에 미리 보기

이미 알고 있는 문형이 있는지 먼저 체크해 보세요!

핵심 문형	우리말 해석
☐ ~ようにしています	~하도록 하고 있습니다 [습관]
☐ ~んだって	~한대 [전달]
☐ ~らしいです	~인/~한 것 같습니다
☐ ~たまま、~ます	~한 채 ~합니다
☐ ~なさい	~해라, ~하세요 [명령]
☐ ~し、~ので、~ます	~하고 ~하기 때문에 ~합니다
☐ ~ために / ~のため	~하기 위해서 [목적] / ~ 때문에 [원인]
☐ ~かもしれません	~일지도/~할지도 모릅니다 [추측]
☐ ~しかない	~밖에 없다
☐ ~と言われます	~하라는 말을 듣습니다
☐ ~べきです	~해야만 합니다 [의무/강요]
☐ ~のではないでしょうか	~하는 것이 아닐까요?
☐ ~ことになります	~하게 됩니다

DAY 41 運動と健康 운동과 건강

DAY_41

Q1 퀴즈 도전하기! だれですか。

① 山口さんに会った人　　　…… _____
② 最近やせた人　　　　　　…… _____
③ あまり食べないようにしている人　…… _____

Q2 퀴즈 도전하기! 「やっぱり心配だなあ」は、だれがだれを心配しているのですか。

_____

독해 지문&퀴즈 해석

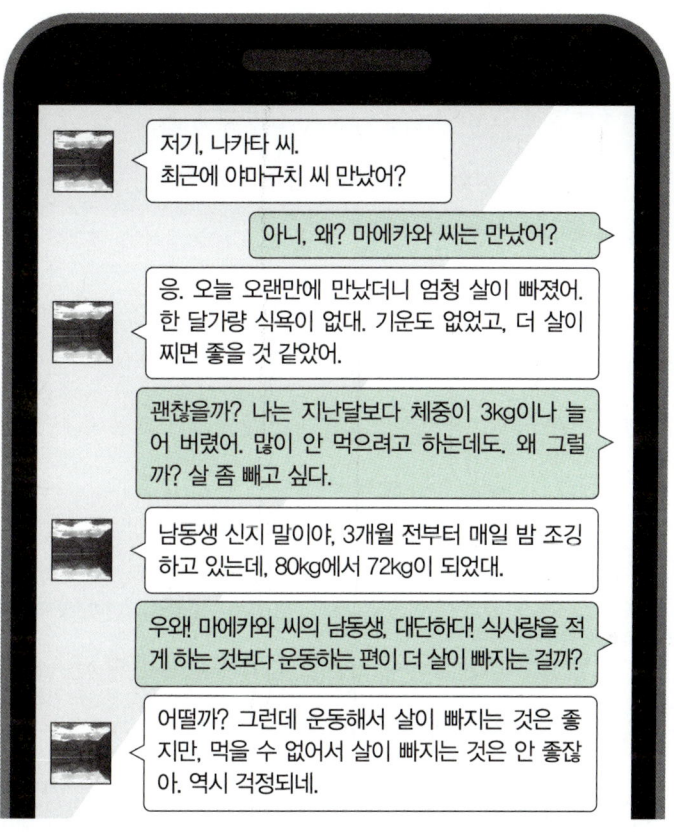

저기, 나카타 씨.
최근에 야마구치 씨 만났어?

아니, 왜? 마에카와 씨는 만났어?

응. 오늘 오랜만에 만났더니 엄청 살이 빠졌어. 한 달가량 식욕이 없대. 기운도 없었고, 더 살이 찌면 좋을 것 같았어.

괜찮을까? 나는 지난달보다 체중이 3kg이나 늘어 버렸어. 많이 안 먹으려고 하는데도. 왜 그럴까? 살 좀 빼고 싶다.

남동생 신지 말이야. 3개월 전부터 매일 밤 조깅하고 있는데, 80kg에서 72kg이 되었대.

우와! 마에카와 씨의 남동생, 대단하다! 식사량을 적게 하는 것보다 운동하는 편이 더 살이 빠지는 걸까?

어떨까? 그런데 운동해서 살이 빠지는 것은 좋지만, 먹을 수 없어서 살이 빠지는 것은 안 좋잖아. 역시 걱정되네.

Q1 퀴즈 도전하기! 누구인가요?

① 야마구치 씨를 만난 사람 ② 최근에 살이 빠진 사람 ③ 많이 안 먹으려고 하는 사람

Q2 퀴즈 도전하기! '역시 걱정되네'는 누가 누구를 걱정하고 있는 것인가요?

어휘

最近 최근 | 会う 만나다 | 久しぶりに 오랜만에 | すごく 굉장히 | やせる 마르다 | ~か月 ~개월 | 食欲 식욕 | 元気 기운 | 太る 살찌다 | 大丈夫な 괜찮은 | ぼく[僕] 나(남자) | 先月 지난달 | 体重 체중 | ~キロ ~킬로그램 | 増える 늘다 | 弟 남동생 | 毎晩 매일 밤 | ジョギング 조깅 | へえ 우와(감탄사) | 食事の量 식사량 | 少ない 적다 | 運動 운동 | 心配な 걱정되는 | だれ[誰] 누구

LEVEL 3

DAY 42 SNS情報 SNS 정보

PICK UP

ライオンが逃げた！

2016年4月に、熊本県で大きい地震が起きた。みんなが心配しながら朝が来るのを待っているとき、SNSに「動物園からライオンが逃げた」という情報が出た。ライオンが夜の町を歩いている写真もあった。それを見た人たちはおどろいて、「ライオンが動物園から逃げたらしい！」、「気をつけて！」と、その情報を次々とほかの人に伝えた。すると、「ライオンを早く動物園に戻して！」、「助けに来て！」という電話が動物園と警察にたくさんかかってきて、本当にたいへんだったそうだ。

しかし、動物園がホームページで「逃げた動物はいません」と発表して、これはうそだとわかった。みんな「地震で困っているときに、こんなことをするのはひどい」と怒った。

その3か月後、このうそをSNSに出した男が警察につかまった。男はおもしろいと思って、やってしまったそうだ。もちろんこの男が一番悪いが、本当かどうかわからないSNSの情報を100%信じてほかの人に伝えた人がたくさんいたことも、この問題が大きくなった原因の一つだ。この事件はSNSのよくない使い方の例になってしまった。

Q1 퀴즈 도전하기! ○ですか。×ですか。

① (　　) 地震のとき、動物園からライオンが逃げてしまいました。
② (　　) たくさんの人が逃げたライオンの写真を撮って、警察に電話をしました。
③ (　　) この情報を見て、ほかの人に伝えた人がたくさんいました。

Q2 퀴즈 도전하기! どうしてこれがSNSのよくない使い方の例なのですか。

독해 지문&퀴즈 해석

사자가 도망쳤다!

2016년 4월에 구마모토현에서 큰 지진이 일어났다. 모두가 걱정하며 아침이 오기를 기다리고 있을 때, SNS에 '동물원에서 사자가 도망쳤다'는 정보가 올라왔다. 사자가 밤거리를 걷고 있는 사진도 있었다. 그것을 본 사람들은 놀라서 '사자가 동물원에서 도망친 것 같아!', '조심해라!'라고 하며 그 정보를 계속해서 다른 사람에게 전달했다. 그러자 '사자를 빨리 동물원에 돌려보내라!', '구하러 와 줘!'라는 전화가 동물원과 경찰서에 많이 걸려 와서 정말 힘들었다고 한다.

그런데 동물원이 홈페이지에서 '도망간 동물은 없습니다'라고 발표하여 이것은 거짓말임을 알게 되었다. 모두 '지진으로 곤란한 상황에 이런 짓을 하는 것은 심하다'며 분노했다.

그로부터 3개월 후, 이 거짓말을 SNS에 올린 남자가 경찰에 붙잡혔다. 남자는 재미있다고 생각해서 이런 짓을 해 버렸다고 한다. 물론 이 남자가 가장 나쁘지만, 사실인지 아닌지 모르는 SNS의 정보를 100% 믿고 다른 사람에게 전달한 사람이 많이 있었던 것도 이 문제가 커진 원인 중 하나다. 이 사건은 SNS의 안 좋은 사용법의 예시가 되어 버렸다.

Q1 퀴즈 도전하기! O인가요? X인가요?

① 지진이 일어났을 때, 동물원에서 사자가 도망쳐 버렸습니다.
② 많은 사람이 도망친 사자의 사진을 찍고 경찰에 전화를 했습니다.
③ 이 정보를 보고, 다른 사람에게 전달한 사람이 많이 있었습니다.

Q2 퀴즈 도전하기! 왜 이것이 SNS의 안 좋은 사용법의 예시인가요?

어휘

ライオン 사자 | 逃げる 도망치다 | 地震 지진 | 起きる 일어나다 | 心配する 걱정하다 | 動物園 동물원 | 情報 정보 | 写真 사진 | 気をつける 조심하다 | 次々と 계속해서, 연달아 | 伝える 전하다 | 戻す 되돌리다 | 助ける 구조하다 | 警察 경찰 | 発表 발표 | 困る 곤란하다 | 信じる 믿다 | 問題 문제 | 原因 원인 | 事件 사건 | 使い方 사용법 | 例 예 | 撮る 찍다, 촬영하다

LEVEL 3

DAY 43 エアコンの使い方
에어컨 사용법

DAY_43

PICK UP

エアコン、どう使う？

日本の夏は蒸し暑いので、一日中エアコンをつけたままにしたくなります。でも、エアコンをつけると電気代が高くなるので、部屋がすずしくなったら消して、暑くなったらつけるようにしているのではありませんか。また、暑くて寝られないので、2、3時間後にエアコンが消えるようにタイマーをセットしてベッドに入る人も多いでしょう。

でも、実はつけたり消したりするよりつけたままにしたほうが、電気代は安くなるし、体にもいいそうです。エアコンは、部屋の温度をセットした温度に下げるまでの間、一番たくさん電気を使います。ですから、セットした温度が低ければ、電気を使う量は多くなります。つけたままにしたほうが部屋の温度が変わらないので、電気を使う量は少ないということなのです。また、エアコンをつけたまま寝たほうが、すずしくてよく寝られていいと言う医者もいます。

今年の夏も暑くなりそうですが、このやり方で生活してみてはいかがでしょうか。

Q1 퀴즈 도전하기! ○ですか。×ですか。

① (　) 日本の夏は蒸し暑いので、エアコンをつけたり消したりしたほうがいい。
② (　) 38度の部屋を20度にするときより27度にするときのほうが、電気代がかかる。
③ (　) 部屋の温度が変わらないようにすれば、電気を使う量が少なくていい。

Q2 퀴즈 도전하기! 「このやり方で生活してみてはいかがでしょうか」の「このやり方」は、どんなことですか。（　）

a　一日中エアコンをつけたままにすること
b　暑い昼間はつけたり消したりすること
c　夜エアコンをつけないで寝ること

독해 지문&퀴즈 해석

에어컨, 어떻게 사용할까?

　일본의 여름은 무덥기 때문에 하루 종일 에어컨을 켠 채로 지내고 싶어집니다. 그런데 에어컨을 켜면 전기세가 비싸지니까 방이 시원해지면 끄고 더워지면 켜는 식으로 사용하고 있지 않습니까? 또한 더워서 잠을 못 자기 때문에 2, 3시간 후에 에어컨이 꺼지도록 타이머를 설정하고 침대에 들어가는 사람도 많을 것입니다.

　그런데 사실은 켰다 껐다 하는 것보다 켠 채로 두는 편이 전기세가 저렴해지고 몸에도 좋다고 합니다. 에어컨은 방의 온도를 설정한 온도로 내릴 때까지의 시간 동안 가장 많은 전기를 사용합니다. 그렇기 때문에 설정한 온도가 낮으면 전기를 사용하는 양이 많아집니다. (에어컨을) 켠 채로 두는 편이 방의 온도가 바뀌지 않으니까 전기를 사용하는 양은 적다는 말입니다. 또한 에어컨을 켠 채 잠을 자는 편이 시원하고 잘 잘 수 있어서 좋다고 말하는 의사도 있습니다.

　올해 여름도 더워질 것 같습니다만, 이 방법으로 생활해 보는 건 어떠실까요?

Q1 퀴즈 도전하기!　O인가요? X인가요?

① 일본의 여름은 무덥기 때문에 에어컨을 켜거나 끄는 편이 좋다.
② 38도인 방을 20도로 할 때보다 27도로 할 때가 전기세가 더 많이 든다.
③ 방의 온도가 바뀌지 않도록 하면 전기를 사용하는 양이 적어서 좋다.

Q2 퀴즈 도전하기!　'이 방법으로 생활해 보는 건 어떨까요?'에서 '이 방법'은 무엇인가요?

a 하루 종일 에어컨을 켠 채로 두는 것
b 더운 낮에는 켰다 껐다 하는 것
c 밤에 에어컨을 켜지 않고 자는 것

어휘

エアコン 에어컨 | 使う 사용하다 | 蒸し暑い 무덥다 | 一日中 하루 종일 | つける 켜다 | 電気 전기 | ~代 ~세(요금) | 部屋 방 | すずしい 시원하다 | 消す (불, 전기 등을) 끄다 | 暑い 덥다 | 消える 꺼지다 | セットする 세팅하다 | ベッド 침대 | 体温 체온 | 下げる 내리다 | 間 사이 | 低い 낮다 | 変わる 바뀌다 | 少ない 적다 | 医者 의사 | 今年 올해 | やり方 방법 | 生活 생활 | 昼間 낮

DAY 44 朝活 아침 활동

PICK UP

つづけよう「朝活」！

あるアンケートによると、朝活をしたいと思っている人は全体の約70％、その中でやったことがある人は約45％でした。

「仕事が忙しくて自分の時間がないので、朝活を始めた。外国語の勉強をしているが、起きてすぐ勉強すると、よく覚えられると思う」(28歳／女性／店員)、「朝1時間ぐらい走ると、一日中体が軽くて、よく動ける」(19歳／男性／学生)、「前はネットのニュースをちょっと読むだけだったが、今は1時間かけて新聞を全部読んでいる。経済や政治だけではなく、いろいろな情報があって、おもしろい」(45歳／男性／会社経営者)など、時間を上手に使って朝活をしている人の意見を聞くと、朝活はとてもいいことだとわかります。

でも、朝活をした人の中で半年以上続けた人は、30％ほどでした。続けられない理由で一番多かったのは、「朝起きられないから」という答えでした。そんな人は、まず朝、決めた時間に起きることから始めてはどうでしょうか。

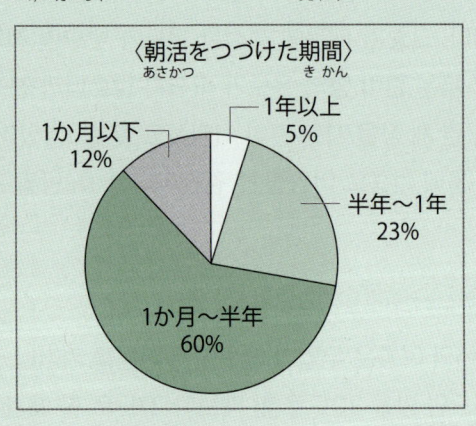

〈朝活をつづけた期間〉
- 1年以上 5％
- 半年～1年 23％
- 1か月～半年 60％
- 1か月以下 12％

Q1 퀴즈 도전하기! 「朝活」とは何ですか。（　　）

a　朝、仕事や授業の前に、勉強したり運動したりすること
b　毎朝、決めた時間に起きること
c　一日の時間を上手に使うこと

Q2 퀴즈 도전하기! 〇ですか。×ですか。

① (　　) 朝活をしたいと思っていても、その中の半分ぐらいの人は始めていない。
② (　　) 朝活を始めても、30％の人は続けられない。
③ (　　) 朝早く起きられなくて、朝活が始められない人が多い。

독해 지문&퀴즈 해석

계속하자 '아침 활동'!

어느 앙케트에 따르면, 아침 활동을 하고 싶다고 생각하는 사람은 전체의 약 70%, 그 중에서 했던 적이 있는 사람은 약 45%였습니다.

'일이 바쁘고 자기 시간이 없어서 아침 활동을 시작했다. 외국어 공부를 하고 있는데, 일어나자마자 바로 공부하면 잘 외워진다고 생각한다'(28세/여성/점원), '아침에 1시간 정도 달리면 하루 종일 몸이 가볍고 잘 움직일 수 있다'(19세/남성/학생), '전에는 인터넷 뉴스를 잠깐 읽을 뿐이었는데, 지금은 1시간 걸려 신문을 전부 읽고 있다. 경제나 정치뿐만 아니라 다양한 정보가 있어서 재미있다'(45세/남성/회사 경영자) 등, 시간을 요령 있게 활용하여 아침 활동을 하고 있는 사람의 의견을 들으면 아침 활동은 매우 좋다는 것을 알 수 있습니다.

그런데 아침 활동을 한 사람 중에서 반년 이상 계속한 사람은 30% 정도였습니다. 계속할 수 없는 이유로 가장 많았던 것은 '아침에 못 일어나서'라는 답변이었습니다. 그런 사람은 우선 아침에 정해 놓은 시간에 일어나는 것부터 시작하면 어떨까요?

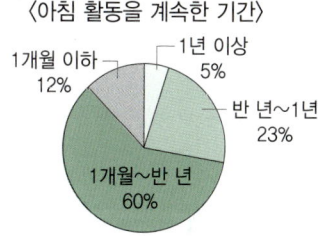

〈아침 활동을 계속한 기간〉
- 1개월 이하 12%
- 1년 이상 5%
- 반 년~1년 23%
- 1개월~반 년 60%

Q1 퀴즈 도전하기! '아침 활동'은 무엇인가요?
a 아침에 업무나 수업 전에 공부하거나 운동하는 것
b 매일 아침에 정해 놓은 시간에 일어나는 것
c 하루의 시간을 요령 있게 활용하는 것

Q2 퀴즈 도전하기! O인가요? X인가요?
① 아침 활동을 하고 싶다고 생각해도 그 중의 절반 정도의 사람은 시작하지 않았다.
② 아침 활동을 시작해도 30%의 사람들은 계속할 수 없다.
③ 아침 일찍 일어날 수 없어서 아침 활동을 시작할 수 없는 사람이 많다.

어휘

つづける[続ける] 계속하다 | 朝活 아침 활동 | 全体 전체 | 忙しい 바쁘다 | 始める 시작하다 | 外国語 외국어 | 起きる 일어나다 | 覚える 외우다 | 女性 여성 | 店員 점원 | 走る 달리다 | 一日中 하루 종일 | 軽い 가볍다 | 動く 움직이다 | 男性 남성 | 新聞 신문 | 経済 경제 | 政治 정치 | 情報 정보 | 経営者 경영자 | 意見 의견 | 半年 반년 | 理由 이유 | 決める 정하다 | 期間 기간

DAY 45 八人の真ん中 8명의 한가운데

🎧 DAY_45

八人の真ん中

昔あるところに「彦一」という人がいました。彦一はとても頭がよくて、有名でした。ある日、殿様から「息子の誕生会をする。友だちを7人連れて城へ来なさい」という手紙が届きました。そこで彦一は友だちと一緒に殿様が住んでいる城へ行きました。

殿様は「彦一、よく来てくれたな。今日はたくさん食べなさい」と言いました。部屋においしそうな料理が運ばれて来ました。ところが、殿様は「彦一、一緒に来た友だちの真ん中に座りなさい。もちろん友だちのひざの上に座るのはだめだ。真ん中に座れなければ、料理は食べさせない」と言いました。友だちが8人なら彦一の左に4人、右にも4人で、真ん中に座れます。でも、今、友だちは7人です。真ん中はありません。友だちは料理が食べられないと思って、悲しくなりました。

でも、彦一は「かんたんなことです。みんな、私のとなりじゃなくて、まわりに座って」と言いました。そして、大きいまるの形に座っている7人の友だちの真ん中に座りました。殿様は「なるほど！さすが彦一！ 友だちの真ん中に座っているな。よし、たくさん食べなさい」と言いました。みんなはおなかがいっぱいになるまで、おいしい料理を食べました。

Q1 퀴즈 도전하기! この話はどんな順番ですか。(   )→(   )→(   )→(   )

a 彦一と友だちはおいしい料理をたくさん食べました。
b 殿様は彦一に難しい問題を出しました。
c 彦一は殿様に招待されて友だちと一緒に城へ行きました。
d 彦一は殿様が出した問題に答えることができました。

Q2 퀴즈 도전하기! 彦一たちはどのように座りましたか。絵を描いて説明してください。

독해 지문&퀴즈 해석

8명의 한가운데

옛날 어느 곳에 '히코이치'라는 사람이 있었습니다. 히코이치는 매우 머리가 좋아서 유명했습니다. 어느 날, 군주로부터 '아들의 생일잔치를 할 것이다. 친구를 7명 데리고 성으로 오거라'라는 편지가 도착했습니다. 그래서 히코이치는 친구들과 함께 군주가 살고 있는 성으로 갔습니다.

군주는 '히코이치, 잘 와 주었네. 오늘은 마음껏 먹거라'라고 말했습니다. 방에 맛있어 보이는 요리가 차려졌습니다. 그런데, 군주는 '히코이치, 함께 온 친구들 한가운데에 앉거라. 물론 친구의 무릎 위에 앉는 것은 안 된다. 한가운데에 앉을 수 없다면 요리는 먹지 못하게 하겠다'라고 말했습니다. 친구들이 8명이라면 히코이치의 왼쪽에 4명, 오른쪽에도 4명으로 한가운데에 앉을 수 있습니다. 하지만 지금 친구들은 7명입니다. 한가운데는 없습니다. 친구들은 요리를 먹을 수 없다고 생각하여 슬퍼졌습니다.

그런데 히코이치는 '쉬운 문제입니다. 모두 내 옆이 아니라 주위에 앉아 줘'라고 말했습니다. 그리고 커다란 원 모양으로 앉아 있는 7명의 친구들 한가운데에 앉았습니다. 군주는 '과연! 역시 히코이치! 친구들 한가운데에 앉아 있군. 좋다, 많이 먹거라'라고 말했습니다. 모두 배가 가득 찰 때까지 맛있는 요리를 먹었습니다.

Q1 퀴즈 도전하기! 이 이야기는 어떤 순서인가요?

a 히코이치와 친구들은 맛있는 요리를 많이 먹었습니다.
b 군주는 히코이치에게 어려운 문제를 냈습니다.
c 히코이치는 군주에게 초대받아 친구들과 함께 성으로 갔습니다.
d 히코이치는 군주가 낸 문제에 대답할 수 있었습니다.

Q2 퀴즈 도전하기! 히코이치와 친구들은 어떻게 앉았나요? 그림을 그려서 설명해 주세요.

어휘

真ん中 한가운데 | 昔 옛날 | 頭 머리 | 殿様 군주 | 息子 아들 | 誕生会 생일잔치 | 城 성 | 手紙 편지 | 届く 도착하다 | 住む 살다 | 運ぶ 옮기다 | 座る 앉다 | ひざ 무릎 | だめな 안 되는 | 悲しい 슬프다 | まわり[周り] 주위 | まる[丸] 원 | 形 모양 | 順番 순서 | 難しい 어렵다 | 問題 문제 | 招待 초대 | 答える 대답하다 | 絵 그림 | 描く 그리다 | 説明する 설명하다

DAY 46 イベントのお知らせ
행사 안내

 DAY_46

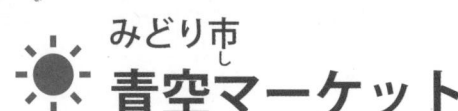
みどり市
青空マーケット

みどり市には
おいしい肉や野菜が
いっぱいあるよ！

7月24日(土)～25日(日)
9：00～16：00

会場：さくら公園

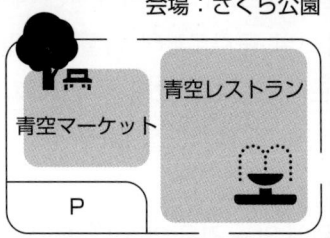

青空マーケット(駐車場となり)
みどり市の野菜と肉のマーケット。安いですよ！

青空レストラン(噴水前)
みどり市の野菜と肉で作る和食やいろいろな国の料理をめしあがっていただけます。

お問い合わせ：みどり市農政課
TEL 06-3102-XXXX

青空マーケットは地産地消を楽しむイベントです。地産地消とは、その町で作られた野菜や肉などをその町に住んでいる人が食べることです。新鮮なものが安く買えるし、どんな人がどうやって作ったのかわかるので、とても安心です。家族には安全なものを食べさせたいですよね。私たちの町で作られたものをおいしくいただきましょう。

Q1 퀴즈 도전하기! これはどんなイベントですか。（　　）

a 安くておいしい外国の肉や野菜を買ったり食べたりできるイベント
b 町で作った肉や野菜などを町の人が食べるイベント
c みどり市のスーパーやレストランを紹介するイベント

Q2 퀴즈 도전하기! 地産地消には、どんないいことがありますか。

・ _____
・ _____

독해 지문&퀴즈 해석

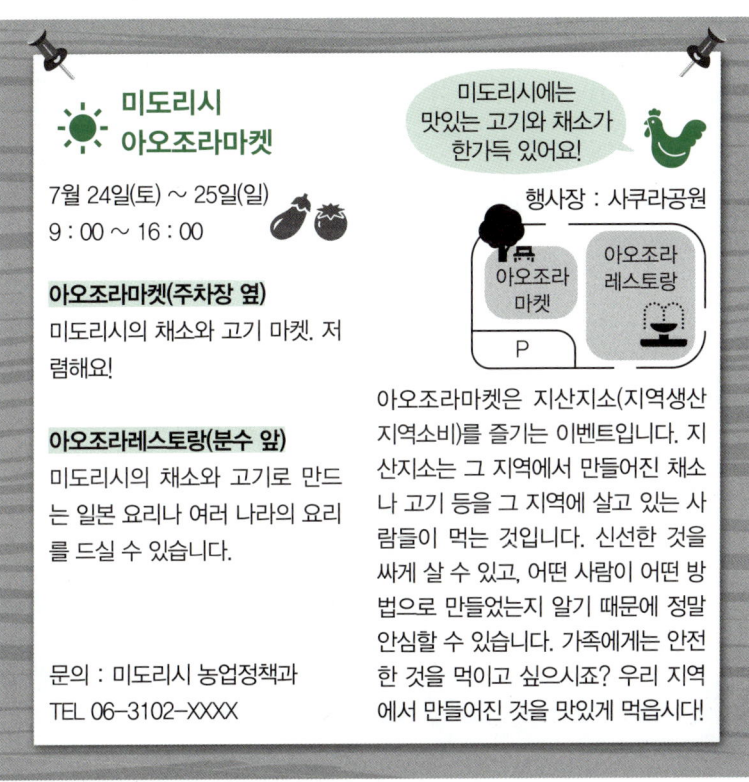

미도리시 아오조라마켓

7월 24일(토) ~ 25일(일)
9:00 ~ 16:00

아오조라마켓(주차장 옆)
미도리시의 채소와 고기 마켓. 저렴해요!

아오조라레스토랑(분수 앞)
미도리시의 채소와 고기로 만드는 일본 요리나 여러 나라의 요리를 드실 수 있습니다.

문의 : 미도리시 농업정책과
TEL 06-3102-XXXX

미도리시에는 맛있는 고기와 채소가 한가득 있어요!

행사장 : 사쿠라공원

아오조라마켓 / 아오조라레스토랑 / P

아오조라마켓은 지산지소(지역생산 지역소비)를 즐기는 이벤트입니다. 지산지소는 그 지역에서 만들어진 채소나 고기 등을 그 지역에 살고 있는 사람들이 먹는 것입니다. 신선한 것을 싸게 살 수 있고, 어떤 사람이 어떤 방법으로 만들었는지 알기 때문에 정말 안심할 수 있습니다. 가족에게는 안전한 것을 먹이고 싶으시죠? 우리 지역에서 만들어진 것을 맛있게 먹읍시다!

Q1 퀴즈 도전하기! 이것은 어떤 이벤트인가요?

a 싸고 맛있는 외국의 고기나 채소를 사거나 먹거나 할 수 있는 이벤트
b 지역에서 만든 고기나 채소 등을 지역 사람이 먹는 이벤트
c 미도리시의 슈퍼나 레스토랑을 소개하는 이벤트

Q2 퀴즈 도전하기! 지산지소(지역생산 지역소비)에는 어떤 좋은 점이 있나요?

어휘

マーケット 마켓 | 駐車場 주차장 | 野菜 채소 | 肉 고기 | 噴水 분수 | 作る 만들다 | 和食 일식 | めしあがる[召し上がる] 드시다 (존경어) | お問い合わせ 문의 | 農政課 농업정책과 | 会場 행사장 | 公園 공원 | 地産地消 지산지소(지역생산 지역소비) | 楽しむ 즐기다 | 住む 살다 | 新鮮な 신선한 | 買う 사다 | 安心 안심 | 家族 가족 | 安全な 안전한 | 外国 외국 | 紹介する 소개하다

LEVEL 3

DAY 47 野外コンサート 야외 콘서트

Q 퀴즈 도전하기!

みどり公園の前でポスターを見ました。

コンサートは1時間後に始まるようなので、行ってみたいと思います。

まず何をすればいいですか。　(　　)

a　チケットを買う。　　　　b　チケットをもらう。

c　会場の入口へ行く。　　　d　会場に入る。

독해 지문&퀴즈 해석

Q 퀴즈 도전하기!

미도리 공원 앞에서 포스터를 보았습니다.
콘서트는 1시간 후에 시작되는 것 같아서 가 보고 싶습니다.
먼저 무엇을 하면 되나요?

a 티켓을 구입한다.
b 티켓을 받는다.
c 콘서트장의 입구로 간다.
d 콘서트장에 들어간다.

제28회 미도리시 오케스트라
야외 콘서트
~봄바람 속에서 음악을 즐깁시다~

입장 무료!

· 5월 10일(일) 오후 2시~
· 미도리공원 야외 무대

· 당일 오전 11시부터 오후 12시까지 공원 사무소에서 티켓을 배부합니다.
· 티켓을 소지하신 분은 1시부터 순서대로 입장하실 수 있습니다.
· 티켓을 소지하지 않으신 분은 콘서트장 입구에 줄을 서서 기다려 주십시오.
· 콘서트장은 120석이므로 조금 일찍 오시기 바랍니다.

어휘

ポスター 포스터 | コンサート 콘서트 | 始まる 시작되다 | チケット 티켓 | 買う 구입하다 | 会場 콘서트장 | 入口 입구 | 入る 들어오다 | オーケストラ 오케스트라 | 野外 야외 | 春 봄 | 風 바람 | 音楽 음악 | 楽しむ 즐기다 | 入場 입장 | ステージ 무대 | 当日 당일 | 事務所 사무소 | 配る 배부하다 | 順番 순서 | 並ぶ 줄 서다 | 早めに 조금 일찍 | いらっしゃる 오시다(존경어)

DAY 48 新商品の発表 신상품 발표

DAY_48

퀴즈 도전하기!

女の人と男の人がプレゼンテーションの資料を見ながら話しています。

女の人はこの後、どの部分を直しますか。　(　　)

a　商品の写真
b　会場に来た人の数のグラフ
c　アンケートの答え
d　お客様が会場に来た時間と人数のグラフ

新商品発表イベント報告

■ 商品「ジュエリー」シリーズ

■ 来場者　253人

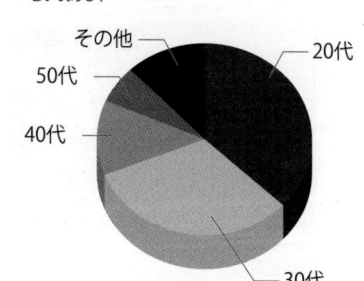

■ アンケートの答え
① 会場は便利な場所だった。
② 商品の説明をゆっくり聞けた。
③ 商品についてよくわかった。
④ 商品を使いたいと思った。

■ お客様が来場した時間と人数

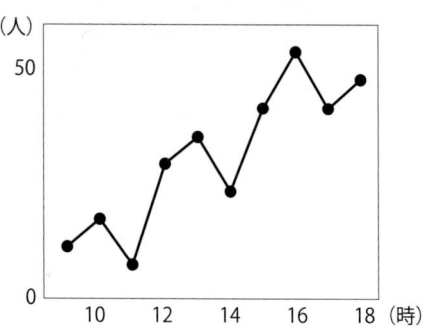

독해 지문&퀴즈 해석

Q 퀴즈 도전하기!

여자와 남자가 프레젠테이션 자료를 보면서 이야기하고 있습니다.
여자는 이후 어느 부분을 수정하나요?

a 상품 사진
b 행사장에 온 인원수 그래프
c 앙케트 답변
d 고객이 행사장에 온 시간과 인원수 그래프

신상품 발표 이벤트 보고

■ 상품 '주얼리' 시리즈

■ 방문자 253명

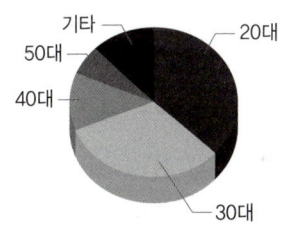

■ 앙케트 답변
① 행사장은 편리한 장소였다.
② 상품 설명을 천천히 들을 수 있었다.
③ 상품에 대해 잘 이해했다.
④ 상품을 사용하고 싶다고 생각했다.

■ 고객이 방문한 시간과 인원수

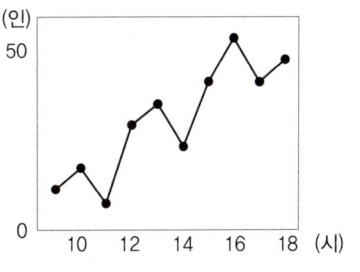

어휘

プレゼンテーション 프레젠테이션 | 資料 자료 | 部分 부분 | 直す 고치다, 수정하다 | 商品 상품 | 写真 사진 | 会場 행사장 | 人の数 사람수 | グラフ 그래프 | アンケート 앙케트 | 答え 답변 | お客様 고객 | 人数 인원수 | 新商品 신상품 | 発表 발표 | 報告 보고 | シリーズ 시리즈 | 便利な 편리한 | 場所 장소 | 説明 설명 | 使う 사용하다 | 来場する 방문하다 | その他 기타

DAY 49 長距離バス 장거리 버스

長距離バスご利用案内

●乗車券のご予約・ご購入
・ご乗車の1か月前から、バスセンター・コンビニ・インターネットでご予約いただけます。
・インターネットで予約された乗車券は、予約された日から3日以内にクレジットカードまたはコンビニで、料金をお支払いください。期限を過ぎたら、キャンセルになります。

●乗車券の変更・キャンセル
・バスの出発時間前なら、予約の変更ができます。インターネットかバスセンターでお手続きください。お電話でのご連絡はお受けできません。
・出発時間30分前までキャンセルをお受けします。その場合、出発予定日の2日前からキャンセル料をいただきます。
　（2日前：料金の10%、前日：20%、当日：30%）
・出発時間30分前を過ぎた場合、キャンセルはできませんので、ご注意ください。

●バス走行前および走行中のご注意
・安全のため車内の通路にお荷物を置かないようお願いいたします。大きいお荷物はバス床下のトランクルームをご利用ください。（お預かりするお荷物はお一人一つまで）
・走行中は必ずシートベルトをご着用ください。
・車内は禁煙です。
・携帯電話はマナーモードに設定し、通話はご遠慮ください。

퀴즈 도전하기!

この長距離バスでできることには○、できないことには×をつけてください。

① (　　) 8月12日のバスを、7月2日に予約する。
② (　　) 10月3日に予約したチケットの料金を10月10日にバスセンターで払う。
③ (　　) 1時半のバスに間に合わないから、1時20分にネットで2時のバスに変更する。
④ (　　) 大きい荷物は席の近くに置かないで、預かってもらう。
⑤ (　　) バスの中ではマナーモードにして、家族に電話をかける。

독해 지문&퀴즈 해석

장거리 버스 이용 안내

● **승차권의 예약 · 구입**
- 승차 1개월 전부터 버스터미널 · 편의점 · 인터넷에서 예약하실 수 있습니다.
- 인터넷에서 예약하신 승차권은 예약하신 날부터 3일 이내에 신용카드 혹은 편의점에서 요금을 지불해 주십시오. 기한을 넘기면 취소됩니다.

● **승차권의 변경 · 취소**
- 버스의 출발시간 이전이라면 예약 변경을 할 수 있습니다. 인터넷이나 버스터미널에서 신청해 주십시오. 전화 연락은 받을 수 없습니다.
- 출발시간 30분 전까지 취소 신청을 받습니다. 그 경우에는 출발 예정일의 2일 전부터 취소 수수료를 받습니다. (2일 전 : 요금의 10%, 전날 : 20%, 당일 : 30%)
- 출발시간 30분 전을 넘긴 경우는 취소가 불가능하므로 주의해 주십시오.

● **버스의 주행 전 및 주행 중 주의사항**
- 안전을 위해 차내 통로에 짐을 두지 마시기를 부탁드립니다. 큰 짐은 버스의 바닥 아래에 있는 트렁크룸을 이용해 주십시오. (맡기실 수 있는 짐은 1인당 1개까지)
- 주행 중에는 반드시 안전 벨트를 착용해 주십시오.
- 차내는 금연입니다.
- 휴대전화는 매너 모드로 설정하고, 통화는 삼가해 주십시오.

Q 퀴즈 도전하기! 이 장거리 버스에서 할 수 있는 것에는 O, 할 수 없는 것에는 X를 표시해 보세요.

① 8월 12일 버스를 7월 2일에 예약한다.
② 10월 3일에 예약한 티켓의 요금을 10월 10일 버스터미널에서 지불한다.
③ 1시 반 버스를 못 타기 때문에 1시 20분에 인터넷에서 2시 버스로 변경한다.
④ 큰 짐은 좌석 근처에 두지 말고 맡긴다.
⑤ 버스 안에서는 매너 모드로 설정하고, 가족에게 전화를 건다.

어휘

長距離 장거리 | 乗車券 승차권 | 購入 구입 | バスセンター 버스터미널 | 支払う 지불하다 | 期限 기한 | 変更 변경 | 手続き 수속 | 予定日 예정일 | 前日 전날 | 当日 당일 | 走行 주행 | 通路 통로 | 床下 바닥 밑 | トランクルーム 트렁크룸 | 預かる 맡기다 | シートベルト 안전 벨트 | 着用 착용 | 禁煙 금연 | マナーモード 매너 모드 | 設定 설정 | 通話 통화 | 遠慮 사양

DAY 50 顔文字・絵文字

이모티콘 · 그림 문자

DAY_50

PICK UP

顔文字・絵文字

日本で顔文字や絵文字が使われるようになって、30年以上になる。いろいろなデザインがあって、文字だけでは伝えにくいことがあってもこれを使えばかんたんだ。例えば、「Aさんは行かないんだって」という文は「Aさんが行かない」ことを伝えるだけだが、

「Aさんは行かないんだってΣ(°Д°;)」
「Aさんは行かないんだってヾ(*｀Д´*)ノ″」
「Aさんは行かないんだって☹」
「Aさんは行かないんだって😁」

これなら、文字で書いていないこともよくわかる。家族や友だちなどへのメッセージには、自分の気持ちをもっとよくわかってもらえるように顔文字や絵文字を使う人が多い。

では、ビジネスのときはどうだろうか。あるアンケートでは、「使ったほうがいい」「使ってもいい」という意見のほうが、反対の意見よりも多かったそうだ。しかし、「ビジネスの連絡に顔文字は合わない」と考える人も少なくないので、使わないほうがいいかもしれない。

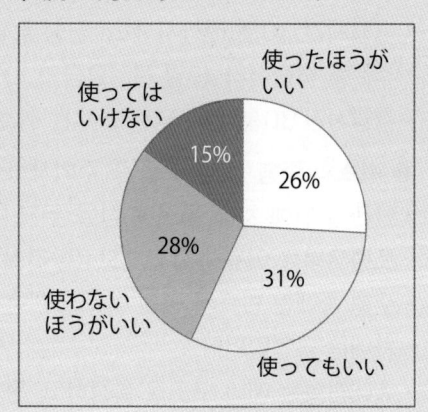

使ってはいけない 15%
使ったほうがいい 26%
使ってもいい 31%
使わないほうがいい 28%

Q1 퀴즈 도전하기!

筆者は顔文字や絵文字でどんなことが伝えられると言っていますか。 （　　）

a　自分の考え　　b　自分の気持ち　　c　自分の意見

Q2 퀴즈 도전하기!

① 筆者は、仕事のメールに顔文字や絵文字を使うことをどう考えていますか。

_____

② それはどうしてですか。

_____

독해 지문&퀴즈 해석

이모티콘・그림 문자

일본에서 이모티콘이나 그림 문자가 사용되기 시작한 지 30년 이상이 된다. 다양한 디자인이 있어서 문자만으로 전하기 어려운 것이 있어도 이것을 사용하면 간단하다. 예를 들어 'A씨는 가지 않는대'라는 문장은 'A씨가 가지 않는다'는 것을 전달하는 것뿐이지만,

「A씨는 가지 않는대 Σ(°Д°；)」
「A씨는 가지 않는대 ヾ(*｀Д´*)ﾉ"」
「A씨는 가지 않는대 ☺」
「A씨는 가지 않는대 😁」

이런 모양이라면 글자로 안 쓴 것도 잘 이해할 수 있다. 가족이나 친구 등에게 보내는 메시지에는 자신의 기분을 더욱 잘 이해해 줄 수 있도록 이모티콘이나 그림 문자를 사용하는 사람이 많다.

그렇다면 비즈니스 상황은 어떨까? 어느 앙케트에서는 '사용하는 편이 좋다', '사용해도 좋다'라는 의견이 반대 의견보다도 더 많았다고 한다. 하지만 '비즈니스 연락에 이모티콘은 맞지 않는다'고 생각하는 사람도 적지 않기 때문에 사용하지 않는 편이 좋을지도 모른다.

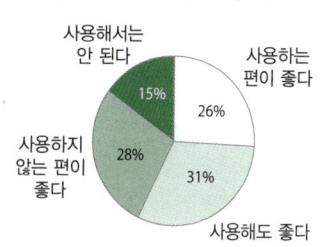

Q1 퀴즈 도전하기! 필자는 이모티콘이나 그림 문자로 어떤 것을 전달할 수 있다고 말하나요?

a 자신의 생각   b 자신의 기분   c 자신의 의견

Q2 퀴즈 도전하기!
① 필자는 업무 메일에 이모티콘이나 그림 문자를 사용하는 것을 어떻게 생각하나요?
② 그 이유는 무엇인가요?

어휘

顔文字 이모티콘 | 絵文字 그림 문자 | デザイン 디자인 | 文字 글자 | 伝える 전하다 | 例えば 예를 들어 | メッセージ 메시지 | ビジネス 비즈니스 | アンケート 앙케트 | 意見 의견 | 反対 반대 | 連絡 연락 | 合う 맞다, 어울리다 | 少ない 적다 | 筆者 필자

DAY 51 江戸ファーストフード

에도 패스트푸드

DAY_51

PICK UP 江戸時代のファストフード

　ハンバーガーやチキンなど、値段が安くて忙しいときにさっと食べられるファストフードはとても便利なものです。実は日本には350年ぐらい前の江戸時代からファストフードがありました。それはすしとそばと天ぷらです。「すしは高いのにファストフード?」と思うかもしれませんが、昔、江戸の町(今の東京)では近くの海でたくさん魚がとれたので、すしの値段はとても安くて、今の物価にすると、コンビニのおにぎりと同じぐらいだったそうです。大きさも今のすし2つ分ぐらいで、おにぎりと同じぐらいだったようです。天ぷらは今のものと形がちがって、魚を串にさして油であげていたそうです。そばはしょう油で作ったつゆで食べることが多いですが、江戸時代はみそ味のつゆもありました。

　どうして江戸時代にファストフードがあったのでしょうか。理由の一つは、江戸の町で大きい火事があったことです。この火事で町がほとんど焼けてしまって、家を建てたり修理したりするために遠くの町から男の人がおおぜい来ました。一人暮らしの場合、自分で料理するより外で食べるほうがお金がかからないし便利なので、そばやすしを店で食べる人が多かったそうです。それで、江戸時代に店が増えて、町の人たちもファストフードをよく利用するようになりました。

Q1 퀴즈 도전하기! 　〇ですか。✕ですか。

① (　　) 日本では、江戸時代からファストフードがありました。
② (　　) 今のファストフードと江戸時代のファストフードは、変わっていません。
③ (　　) 火事で家がなくなった男の人たちは、江戸から遠くの町へ家を建てに行きました。

Q2 퀴즈 도전하기! 　どうして江戸時代にそばやすしなどの店が増えたのですか。

독해 지문&퀴즈 해석

에도시대의 패스트푸드

햄버거나 치킨 등 가격이 저렴하고 바쁠 때 재빨리 먹을 수 있는 패스트푸드는 매우 편리한 음식입니다. 사실 일본에는 350년쯤 전의 에도시대부터 패스트푸드가 있었습니다. 그것은 초밥과 국수와 튀김입니다. '초밥은 비싼데 패스트푸드?'라고 생각할지도 모르지만, 옛날에 에도 지역(지금의 도쿄)에서는 주변 바다에서 생선이 많이 잡혔기 때문에 초밥의 가격은 매우 저렴해서, 지금의 물가로 보면 편의점의 주먹밥과 비슷한 정도였다고 합니다. 크기도 지금의 초밥 2개 분량 정도로 주먹밥과 비슷한 크기였던 것 같습니다. 튀김은 지금과 모양이 달라서 생선을 꼬치에 꽂아 기름에 튀겼었다고 합니다. 국수는 간장으로 만든 쓰유로 먹는 경우가 많지만, 에도시대에는 된장 맛의 쓰유도 있었습니다.

왜 에도시대에 패스트푸드가 있었던 것일까요? 이유 중 하나는 에도 지역에서 큰 화재가 있었던 일입니다. 이 화재로 마을이 대부분 불에 타 버려서 집을 짓거나 수리하기 위해 멀리 떨어진 마을에서 남자들이 많이 왔습니다. 혼자 생활하는 경우에 스스로 요리하는 것보다 밖에서 먹는 편이 돈이 덜 들고 편리해서 국수나 초밥을 가게에서 먹는 사람이 많았다고 합니다. 그래서 에도시대에 상점이 늘어나고 마을 사람들도 패스트푸드를 자주 이용하게 되었습니다.

Q1 퀴즈 도전하기! O인가요? X인가요?

① 일본에서는 에도시대부터 패스트푸드가 있었습니다.
② 지금의 패스트푸드와 에도시대의 패스트푸드는 다르지 않습니다.
③ 화재로 집이 없어진 남자들은 에도에서 멀리 떨어진 마을로 집을 지으러 갔습니다.

Q2 퀴즈 도전하기! 왜 에도시대에 국수나 초밥 등의 가게가 늘어났나요?

어휘

江戸時代 에도시대 | ファストフード 패스트푸드 | ハンバーガー 햄버거 | チキン 치킨 | 値段 가격 | さっと 재빠르게 | 便利な 편리한 | すし[寿司] 초밥 | 天ぷら 튀김 | 昔 옛날 | 物価 물가 | 大きさ 크기 | 串 꼬치 | あげる 튀기다 | しょう油 간장 | 火事 화재 | ほとんど 대부분, 거의 | 焼ける 불타다 | 建てる (건물 등) 짓다 | 修理 수리 | おおせい 많은 사람 | 一人暮らし 혼자 생활함, 자취생활 | 利用 이용

DAY 52 ショッピングセンター

쇼핑센터

DAY_52

トップ＞ニュース＞記事　**来年夏、みやま市にショッピングセンター**

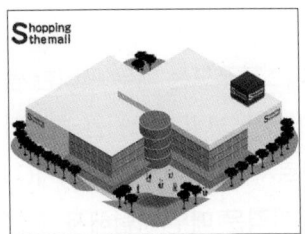

　HASK グループは今月8日、みやま市にショッピングセンター「HASK ショッピング MALL みやま公園店」を来年7月にオープンすると発表した。
　みやま市は「人が集まる町・みやま」を目標にして、3年前にみやま公園の近くに「みやま公園駅」を作った。その後、駅前にマンションが多く建てられ、人口が増えている。しかし、住民からは「みやま市には小さいスーパーしかないので、買い物が不便だ」という声が上がっていた。また、みやま公園はさくらの名所だが、公園の近くに食事や買い物ができる店があまりないため、観光客が少ない。みやま市も「大型ショッピングセンターがオープンすれば、観光客が増えるかもしれない」と考えている。
　HASK グループは「みやま市のみなさまの生活がもっと便利で楽しくなるように、明るい店にしたい。市外からも多くの方に来ていただけたら」と話している。

Q1 퀴즈 도전하기!　○ですか。×ですか。

① (　　) みやま公園の近くには、3年前まで駅がなかった。
② (　　) みやま市には、スーパーマーケットがない。
③ (　　) 今みやま公園の近くには、たくさんの人が住んでいる。

Q2 퀴즈 도전하기!

新しいショッピングモールがオープンしたら、何がどう変わると考えられていますか。

・_____

・_____

독해 지문&퀴즈 해석

> 톱 > 뉴스 > 기사　　**내년 여름, 미야마시에 쇼핑센터**
>
> 　HASK그룹은 이번 달 8일, 미야마시에 쇼핑센터 'HASK쇼핑MALL 미야마공원점'을 내년 7월에 오픈한다고 발표했다.
>
> 　미야마시는 '사람이 모이는 동네·미야마'를 목표로 하여 3년 전에 미야마공원 근처에 '미야마공원역'을 만들었다. 그 후, 역 앞에 아파트가 많이 건설되어 인구가 늘어났다. 그러나 주민들은 '미야마시에는 작은 슈퍼밖에 없어서 장보는 것이 불편하다'는 목소리가 나왔다. 또한 미야마공원은 벚꽃 명소인데, 공원 주변에 식사나 쇼핑을 할 수 있는 상점이 별로 없기 때문에 관광객이 적다. 미야마시도 '대형 쇼핑센터가 오픈한다면 관광객이 늘어날지도 모른다'고 생각한다.
>
> 　HASK그룹은 '미야마시 여러분의 생활이 더욱 편리하고 즐거워지도록 밝은 상점을 만들고 싶다. 다른 시에 거주하는 분들도 많이 와 주시기를 바란다'고 말했다.

Q1 퀴즈 도전하기! O인가요? X인가요?

① 미야마 공원 주변에는 3년 전까지 역이 없었다.
② 미야마 시에는 슈퍼마켓이 없다.
③ 지금 미야먀 공원 근처에는 많은 사람이 살고 있다.

Q2 퀴즈 도전하기! 새로운 쇼핑몰이 오픈한다면 무엇이 어떻게 바뀔 것이라고 생각하나요?

어휘

記事 기사 | ショッピングセンター 쇼핑센터 | グループ 그룹 | オープン 오픈 | 発表 발표 | 集まる 모이다 | 目標 목표 | 駅前 역 앞 | マンション 맨션, 아파트 | 人口 인구 | 住民 주민 | 買い物 쇼핑 | 不便 불편한 | 声 목소리 | 上がる 올라가다 | 名所 명소 | 食事 식사 | 観光客 관광객 | 少ない 적다 | 大型 대형 | 増える 늘어나다 | 明るい 밝다 | 市外 시외 | 変わる 바뀌다

LEVEL 3　117

DAY 53 心理的リアクタンス
심리적 반발심

DAY_53

PICK UP

心理的リアクタンス

「やるなと言われたら、やりたくなった」、「やろうと思っていたのに、やれと言われたら、やる気がなくなった」、こんな経験はありませんか。このような心の動きを「心理的リアクタンス」と言います。言われなければ何とも思わなかったことなのに、「してはいけない」と言われると、「どうして止められたんだろう。それをやったら、どうなるんだろう。やってみたい」という気持ちが起きます。「やれ」と言われたら、「この人に私がやることを決められたくない」といやな気持ちになります。ですから、人に何か頼んだり注意したりするときには、心理的リアクタンスが起きないように、言い方に気をつけましょう。

また、「ない」と言われたら、急にほしくなるときがありますが、これも心理的リアクタンスです。例えば、店員に「○○は売り切れました」と言われたら、急にそれが食べたくなったり、「○○が買えるのは月末までです」と聞いて、ほしくなかったのに買ってしまったりしたことがあるでしょう。そんなとき、心理的リアクタンスのことを思い出して、本当に必要かどうかをよく考えてみるようにすれば、むだなものは買わなくなるかもしれません。

Q1 퀴즈 도전하기! ○ですか。×ですか。

① (　) 「心理的リアクタンス」は人の心の動きだ。
② (　) 人間はほかの人から何か言われたら、それをしなければならないと思う。
③ (　) 買い物のときにも、心理的リアクタンスが起きることがある。

Q2 퀴즈 도전하기! 「心理的リアクタンス」の例はどれですか。（　　）

a 彼女と結婚したいと言ったら、親に反対された。ぜったいに結婚しようと思う。
b アパートの家賃が20,000円高くなると大家に言われた。払えないので引っ越すつもりだ。
c 明日友だちがスキーに行く。でも私は寒いのがきらいだから、行かない。

독해 지문&퀴즈 해석

심리적 반발심

'하지 말라는 말을 들으면 하고 싶어졌다', '하려고 생각했었는데, 하라는 말을 들으면 의욕이 없어졌다', 이런 경험은 없습니까? 이와 같은 마음의 작용을 '심리적 반발심'이라고 합니다. 말을 듣지 않았다면 아무렇지 않게 생각했던 일인데, '해서는 안 돼'라는 말을 들으면 '왜 못하게 된 것일까. 그것을 한다면 어떻게 될까. 해 보고 싶다'는 마음이 생깁니다. '해라!'는 말을 들으면 '이 사람으로부터 내가 할 일을 결정받고 싶지 않다'는 안 좋은 기분이 됩니다. 그렇기 때문에 남에게 무언가 부탁하거나 주의를 줄 때는 심리적 반발심이 생기지 않도록 말투를 조심합시다.

또한 '없어'라는 말을 들으면 갑자기 갖고 싶어지는 경우가 있는데, 이것도 심리적 반발심입니다. 예를 들어 점원에게 '○○는 품절되었습니다'라는 말을 들으면 갑자기 그것이 먹고 싶어지거나 '○○을 구입할 수 있는 것은 월말까지입니다'라는 말을 듣고는 갖고 싶지 않았지만 구입해 버린 적이 있을 것입니다. 그럴 때 심리적 반발심에 대해 떠올리면서 정말 필요한지 아닌지를 잘 생각해 보도록 한다면 쓸데없는 물건은 구입하지 않게 될지도 모릅니다.

Q1 퀴즈 도전하기! O인가요? X인가요?

① '심리적 반발심'은 인간의 마음의 작용이다.
② 인간은 다른 사람으로부터 무언가 말을 들으면 그것을 해야 한다고 생각한다.
③ 쇼핑할 때에도 심리적 반발심이 생기는 경우가 있다.

Q2 퀴즈 도전하기! '심리적 반발심'의 예시는 어느 것인가요?

a 여자친구와 결혼하고 싶다고 말했더니, 부모가 반대를 했다. 무조건 결혼하려고 생각한다.
b 연립주택의 월세가 20,000엔 오른다고 집주인에게 들었다. 지불할 수 없어서 이사할 작정이다.
c 내일 친구가 스키 타러 간다. 그런데 나는 추운 것을 싫어하니까 가지 않을 것이다.

어휘

心理的 심리적 | リアクタンス 리액턴스, 반발심 | やる気 의욕 | 経験 경험 | 動く 움직임 | 止める 멈추다 | 頼む 부탁하다 | 急に 갑자기 | 例えば 예를 들어 | 店員 점원 | 売り切れる 다 팔리다 | 月末 월말 | 思い出す 떠올리다 | むだな 쓸데없는 | 結婚する 결혼하다 | 親 부모 | 反対 반대 | 家賃 집세 | 大家 집주인 | 払う 지불하다 | 引っ越す 이사하다 | きらいな[嫌いな] 싫어하는

LEVEL 3 119

DAY 54 二匹のカエル 두 마리의 개구리

【おもしろい話】 京都のかえると大阪のかえる

　むかしむかし、京都に一匹のカエルがいました。ずっと京都に住んでいるので、ほかの所を見たいと思っていましたが、ある日、大阪はにぎやかですばらしい所だと聞いて、行ってみることにしました。

　ところで、大阪にも一匹のカエルがいました。ずっと大阪に住んでいるので、ほかの所を見たいと思っていましたが、ある日、京都はきれいですばらしい所だと聞いて、行ってみることにしました。

　この二匹のカエルは、京都と大阪の間にある天王山の一番上で出会いました。「こんにちは。どこへ行くんですか」と京都のカエルが聞きました。「京都です」と大阪のカエルが言いました。それを聞いて京都のカエルは「やめたほうがいい。京都はつまらない所です。だから私は大阪へ行くんです」と言いました。すると、大阪のカエルが「大阪？ 何もない所ですよ。ちょっと見てみたらどうですか。立ち上がるとここからよく見えますよ」と言ったので、京都のカエルは立ち上がって見てみました。「本当だ。大阪は京都と同じですね」。大阪のカエルも立ち上がって見てみました。「京都も大阪とちがいませんね。それなら行っても意味がない。帰りましょう」。二匹のカエルは山を下りて自分の町へ帰って行きました。

　でも、山の上で二匹のカエルが見たのは、実は自分たちの町だったのです。カエルの目は頭の上にありますから。

Q 퀴즈 도전하기! この話はどうして「おもしろい話」なのですか。（　　）

a 自分の町を見ていることに気がつかなかったから
b 自分が住んでいる町を悪く言ったから
c 小さいカエルが高い山に登ったから
d カエルが立ち上がるのはめずらしいことだから

독해 지문&퀴즈 해석

【재미있는 이야기】 교토 개구리와 오사카 개구리

옛날 옛적에 교토에 한 마리의 개구리가 있었습니다. 줄곧 교토에서 살고 있어서 다른 곳을 보고 싶다고 생각했는데, 어느 날 오사카는 번화하고 멋진 곳이라는 말을 듣고 가 보기로 했습니다.

그런데 오사카에도 한 마리의 개구리가 있었습니다. 줄곧 오사카에서 살고 있어서 다른 곳을 보고 싶다고 생각했는데, 어느 날 교토는 깨끗하고 멋진 곳이라는 말을 듣고 가 보기로 했습니다.

이 두 마리의 개구리는 교토와 오사카 사이에 있는 덴노잔의 정상에서 우연히 만났습니다. '안녕하세요. 어디로 가는 건가요?'라고 교토 개구리가 물었습니다. '교토입니다'라고 오사카 개구리가 말했습니다. 그 말을 듣고 교토 개구리는 '그만두는 편이 좋아. 교토는 시시한 곳입니다. 그래서 저는 오사카로 가는 거예요'라고 말했습니다. 그러자 오사카 개구리는 '오사카? 아무것도 없는 곳이에요. 잠깐 봐 보면 어때요? 일어서면 여기에서 잘 보여요'라고 말했기 때문에 교토 개구리는 일어서서 둘러봤습니다. '정말이네. 오사카는 교토와 똑같군요'. 오사카 개구리도 일어서서 둘러봤습니다. '교토도 오사카와 다르지 않네요. 그렇다면 가 봐도 의미가 없네. 돌아갑시다'. 두 마리의 개구리는 산을 내려와 자신의 지역으로 돌아갔습니다.

그런데 산 위에서 두 마리의 개구리가 본 것은 사실 자신들의 지역이었던 것입니다. 개구리의 눈은 머리 위에 있으니까요.

Q 퀴즈 도전하기! 이 이야기는 왜 '재미있는 이야기'인가요?

a 자신의 지역을 보고 있다는 것을 눈치채지 못했기 때문에
b 자신이 살고 있는 지역을 나쁘게 말했기 때문에
c 작은 개구리가 높은 산을 올랐기 때문에
d 개구리가 일어서는 것은 드문 일이기 때문에

어휘

むかしむかし[昔々] 옛날 옛적에 | **カエル** 개구리 | **~匹** ~마리 | **にぎやかな** 번화한 | **すばらしい[素晴らしい]** 멋지다 | **間[あいだ]** 사이 | **出会う[であう]** 우연히 만나다 | **つまらない** 시시하다, 재미없다 | **立ち上がる[たちあがる]** 일어서다 | **ちがう[違う]** 다르다 | **意味[いみ]** 의미 | **下りる[おりる]** 내려가다 | **頭[あたま]** 머리 | **気がつく[きがつく]** 눈치채다, 알아채다 | **登る[のぼる]** (산을) 오르다 | **めずらしい[珍しい]** 드물다

DAY 55 翻訳機 번역기

『外国語学習と翻訳機』

高田 空

　人工知能（AI）の研究が進んで、私たちの生活はどんどん便利になってきました。将来はきっとすばらしい翻訳機ができるから、外国語を勉強しなくてもよくなるだろうと考える人も少なくないようです。今も、人が話した言葉を外国語に翻訳して文字と音が出る機械が、あまり高くない値段で売られています。

　しかし、本当に外国語の勉強は必要なくなるのでしょうか。例えば、外国へ一週間ぐらい旅行しているときに、道を聞いたり、おすすめの料理を教えてもらったりするだけなら、翻訳機は便利だと思います。でも、外国人の友だちと一緒に出かけたり、仕事で会議に出席するときなどはどうでしょうか。考えてみてください。機械に何かを話して、それを機械が通訳する。それを聞いた相手も機械に何かを話して、今度はこちらが機械から出てきた音を聞く…。これはコミュニケーションでしょうか。それに、自分が言いたいことを機械が正しく翻訳してくれたかどうか、確認することもできないのです。

　本当に言いたいことや気持ちを伝えるためには、自分の口から話すべきなのではないでしょうか。機械はすばらしいものですが、人間にしかできないこともあると思います。

Q1 퀴즈 도전하기!

筆者の考えに合っているのはどれですか。　(　　)

- a　便利な翻訳機が売られているので、外国語の勉強は必要ない。
- b　仕事でコミュニケーションをとるとき、翻訳機を使ったほうがいい。
- c　機械が翻訳した場合、正しくないかもしれないので心配だ。

Q2 퀴즈 도전하기!

どうして「自分の口から話すべきだ」と言っているのですか。

_____
_____
_____

독해 지문&퀴즈 해석

『외국어 학습과 번역기』

다카다 소라

　인공지능(AI) 연구가 진행되어 우리들의 생활은 점점 편리해지게 되었습니다. 앞으로는 분명 훌륭한 번역기가 생길 것이기 때문에 외국어를 공부하지 않아도 되는 상황일 것이라고 생각하는 사람도 적지 않을 것입니다. 지금도 사람이 이야기한 말을 외국어로 번역해서 글자와 음성이 나오는 기계가 별로 비싸지 않은 가격으로 판매되고 있습니다.

　그러나 정말 외국어 공부는 필요 없어지게 되는 것일까요? 예를 들어 외국으로 1주일 정도 여행을 하고 있을 때, 길을 묻거나 추천 요리를 안내받는 것뿐이라면 번역기는 편리하다고 생각합니다. 하지만 외국인 친구와 함께 외출하거나 업무 때문에 회의에 참석하는 경우 등은 어떨까요? 한번 생각해 보세요.

　'기계에 무언가를 이야기하고 그것을 기계가 통역한다. 그것을 들은 상대방도 기계에 무언가를 이야기하고, 이번에는 내가 기계에서 나온 음성을 듣는다…. 이것은 커뮤니케이션일까요? 게다가 자신이 하고 싶은 말을 기계가 올바르게 번역해 주었는지 아닌지 확인할 수도 없는 것입니다.

　정말 하고 싶은 말이나 기분을 전달하기 위해서는 자신의 입을 통해 이야기해야만 하는 것이 아닐까요? 기계는 훌륭한 것이지만, 인간밖에 할 수 없는 것도 있다고 생각합니다.

Q1 퀴즈 도전하기!

필자의 생각과 일치하는 것은 어느 것인가요?

a 편리한 번역기가 판매되고 있기 때문에 외국어 공부는 필요 없다.
b 업무 때문에 커뮤니케이션을 취할 경우에 번역기를 사용하는 편이 좋다.
c 기계가 번역한 경우에 올바르지 않을지도 모르니까 걱정된다.

Q2 퀴즈 도전하기!

왜 '자신의 입을 통해 이야기해야만 한다'고 말하나요?

어휘

外国語 외국어 | **学習** 학습 | **翻訳機** 번역기 | **人工知能** 인공지능 | **研究** 연구 | **進む** 진행되다 | **生活** 생활 | **どんどん** 자꾸 | **将来** 장래, 앞으로 | **きっと** 분명 | **すばらしい[素晴らしい]** 멋지다, 훌륭하다 | **できる** 생기다, 만들어지다 | **勉強する** 공부하다 | **考える** 생각하다 | **少ない** 적다 | **言葉** 말, 단어 | **翻訳する** 번역하다 | **文字** 문자, 글자 | **音** 소리, 음성 | **出る** 나오다 | **機械** 기계 | **あまり** 별로, 그다지 | **値段** 가격 | **売られる** 팔리다 | **必要な** 필요한 | **例えば** 예를 들어 | **外国** 외국 | **~週間** ~주일 | **旅行する** 여행하다 | **道** 길 | **聞く** 묻다 | **おすすめ料理** 추천 요리 | **教える** 알려주다 | **外国人** 외국인 | **一緒に** 함께, 같이 | **出かける** 나가다, 외출하다 | **仕事** 업무 | **会議** 회의 | **出席する** 출석하다, 참석하다 | **通訳する** 통역하다 | **相手** 상대방 | **今度** 이번 | **コミュニケーション** 커뮤니케이션 | **それに** 게다가 | **正しい** 옳다, 바르다 | **確認する** 확인하다 | **伝える** 전하다, 전달하다 | **自分** 자기, 자신 | **人間** 인간 | **筆者** 필자 | **考え** 생각, 사고 | **合う** 맞다, 일치하다 | **使う** 사용하다 | **場合** 경우 | **心配な** 걱정되는

DAY 56 防犯カメラ 방범 카메라

PICK UP

　日本は安全な国だとよく言われますが、本当にそうでしょうか。ある調査によると、「最近日本は安全ではなくなってきたと思う」と答えた人は全体の60%でした。また、別の調査では、90%以上の人が「防犯カメラをもっと増やしたほうがいい」と考えていることもわかりました。

　2000年ごろから、日本では町の中、病院、銀行、公園、店、マンションなど、いろいろな場所に防犯カメラが置かれるようになってきました。防犯カメラを置く目的の一つは、犯罪をやめさせることです。悪いことをしようと思っていても、防犯カメラを見つけて、それをやめる場合もあるのです。ですから、防犯カメラがあれば、安心する人も多いのでしょう。しかし反対に、「防犯カメラがあちこちにあると、いつだれとどこで何をしていたのかを、ほかの人に知られてしまう」と心配する人も少なくありません。悪いことをしていなくても、自分のことをほかの人に知られたくないという考えもあるのです。みんなが安心して暮らせるようにするためにどうすればいいか、考えなければなりません。

Q1 퀴즈 도전하기! ○ですか。×ですか。

① (　　) 日本は今より前のほうが安全だったと考える人が多い。
② (　　) 多くの人が日本は防犯カメラが足りていると思っている。
③ (　　) 防犯カメラがあれば、悪いことをする人が少なくなると考えられている。

Q2 퀴즈 도전하기! どうして防犯カメラを置くことに反対する人がいるのですか。

___

독해 지문&퀴즈 해석

　일본은 안전한 나라라는 말을 자주 듣는데, 정말 그럴까요? 어느 조사에 따르면 '최근 일본은 안전하지 않게 되었다고 생각한다'고 대답한 사람이 전체의 60%였습니다. 또한 다른 조사에서는 90% 이상의 사람들이 '방범 카메라를 더 늘리는 편이 좋다'는 생각을 하고 있다는 사실도 알게 되었습니다.

　2000년쯤부터 일본에서는 동네 한가운데, 병원, 은행, 공원, 상점, 아파트 등, 다양한 장소에 방범 카메라가 설치되는 상황이 되었습니다. 방범 카메라를 설치하는 목적 중의 하나는 범죄를 멈추게 만드는 일입니다. 나쁜 짓을 하려고 생각하고 있어도 방범 카메라를 발견하여 그것을 멈추는 경우도 있는 것입니다. 그렇기 때문에 방범 카메라가 있다면 안심하는 사람들도 많을 것입니다. 하지만 반대로 '방범 카메라가 여기저기에 있으면 언제 누구와 어디에서 무엇을 하고 있었는지를 다른 사람에게 알려지게 된다'고 걱정하는 사람도 적지 않습니다. 나쁜 짓을 하고 있지 않아도 자신에 관한 것을 다른 사람에게 알려지게 하고 싶지 않다는 생각도 있는 것입니다. 모두가 안심하고 생활할 수 있도록 하기 위해서는 어떻게 하면 좋을지 생각해야만 합니다.

Q1 퀴즈 도전하기! O인가요? X인가요?
① 일본은 지금보다 예전이 더 안전했다고 생각하는 사람이 많다.
② 많은 사람이 일본은 방범 카메라가 충분히 있다고 생각하고 있다.
③ 방범 카메라가 있다면 나쁜 짓을 하는 사람이 적어질 것이라는 생각을 하고 있다.

Q2 퀴즈 도전하기! 왜 방범 카메라를 설치하는 것에 반대하는 사람이 있나요?

어휘

安全な 안전한 | 調査 조사 | 最近 최근 | 答える 대답하다 | 全体 전체 | 防犯 방범 | カメラ 카메라 | 増やす 늘리다 | 病院 병원 | 銀行 은행 | 公園 공원 | マンション 맨션, 아파트 | 場所 장소 | 目的 목적 | 犯罪 범죄 | 見つける 발견하다 | 安心する 안심하다 | 反対に 반대로 | 心配する 걱정하다 | 暮らす 지내다, 생활하다 | 足りる 족하다, 충분하다

DAY 57 ガスの点検 가스 점검

DAY_57

ガス器具安全点検のお知らせ

TGS つなぐガス サービスセンター

207号室　山口　様

つなぐガスサービスでは、お客様にガスを安全にお使いいただくために、ガス器具の点検にうかがいます。下記の日時に担当者がお客様のお宅に入らせていただいてガス器具を拝見しますので、お忙しいとは思いますがご自宅にいてくださいますよう、よろしくお願いいたします。

10月25日(木)午前9時 ～ 午後12時

※点検は15分ほどで終わります。この点検は無料です。
※別の日に変更できます。ご希望の日時をサービスセンターにご連絡ください。

つなぐガス サービスセンター (安全点検 担当)

📞 0120-111-XXXX

【当社ホームページ】http//:www.tsunagugas.com

Q1 퀴즈 도전하기!　○ですか。×ですか。

① (　　) 10月25日の午前中、山口さんは家にいなくてはいけない。

② (　　) ガスが安全に使えるように、山口さんが点検しなくてはいけない。

③ (　　) この点検には3時間ぐらいかかる。

Q2 퀴즈 도전하기!　だれがどこで何をしますか。

독해 지문&퀴즈 해석

가스기구 안전점검 안내

TGS 쓰나구가스 서비스센터

207호실 야마구치 님

쓰나구가스 서비스에서는 고객님께서 가스를 안전하게 사용하실 수 있도록 가스기구를 점검하러 찾아뵙겠습니다. 아래의 날짜와 시간에 담당자가 고객님 댁으로 방문하여 가스기구를 살펴볼 예정이므로, 바쁘시겠지만 댁에 계셔 주시기를 부탁드리겠습니다.

10월 25일(목) 오전 9시~오후 12시

※점검은 15분 정도면 끝납니다. 이 점검은 무료입니다.
※다른 날짜로 변경할 수 있습니다. 희망하시는 날짜와 시간을 서비스센터로 연락해 주시기 바랍니다.

쓰나구가스 서비스센터(안전점검 담당)
0120-111-XXXX
【당사 홈페이지】 http//:www.tsunagugas.com

Q1 퀴즈 도전하기! O인가요? X인가요?
① 10월 25일 오전 중에 야마구치 씨는 집에 있어야 한다.
② 가스를 안전하게 사용할 수 있도록 야마구치 씨가 점검해야 한다.
③ 이 점검을 하려면 3시간 정도 걸린다.

Q2 퀴즈 도전하기! 누가 어디에서 무엇을 하나요?

어휘

ガス 가스 | 器具(きぐ) 기구 | 安全(あんぜん) 안전 | 点検(てんけん) 점검 | お知(し)らせ 안내, 통지 | サービスセンター 서비스센터 | ~号室(ごうしつ) ~호실 | お客様(きゃくさま) 고객님 | うかがう[伺(うかが)う] 방문하다(겸양어) | 下記(かき) 하기 | 日時(にちじ) 일시 | 担当者(たんとうしゃ) 담당자 | お宅(たく) 댁 | 拝見(はいけん)する 살펴보다(겸양어) | 忙(いそが)しい 바쁘다 | 自宅(じたく) 자택 | 終(お)わる 끝나다 | 変更(へんこう) 변경 | 希望(きぼう) 희망 | 連絡(れんらく) 연락 | 当社(とうしゃ) 당사 | ホームページ 홈페이지

DAY 58 日本初の国際人
일본 최초의 국제인

DAY_58

日本初の国際人　ジョン万次郎

　1841年1月、土佐(今の高知県)の海で魚をとっていた船が、強い風で500キロも流され、無人島に着いた。船から降りた5人は雨水を飲んだり魚や鳥を食べたりして、助けが来るのを待っていた。そして5か月後にアメリカの船がその島に来て、5人は助けられた。しかし、そのとき日本には「日本人が外国へ行ってはいけない。外国人が日本に入ってもいけない」というきまりがあったため、船長は日本ではなくハワイで5人を船から降ろした。

　ところが、14歳の万次郎は船の中で少し英語を覚えて、「アメリカに連れて行って」と船長にたのんだ。万次郎は船長に「ジョン・マン」という名前をつけてもらって、そのまま船に乗ってアメリカへ行き、船長の家に住むことになった。そして、学校にも通わせてもらった。万次郎はいっしょうけんめいに勉強して、英語が話せるようになった。大学を卒業してからは、船に乗って世界中の海で鯨をとる仕事をした。そして1850年に自分の船を買って、それに乗って日本に帰った。

　帰国した万次郎は、長崎で1年半の間、アメリカで何をしたかを調べられたが、1852年に家に帰ることができた。そして英語の教師になった。

　しかしその次の年、万次郎は江戸(今の東京)に呼ばれた。アメリカから黒船と呼ばれる船が来たので、通訳をすることになったのだ。その後も、万次郎は大学で英語を教えるなど、72歳で土佐で亡くなるまで国のためにいろいろな仕事をした。

Q 퀴즈 도전하기! 万次郎が生活した場所はどこですか。順番に書いてください。

土佐 → (　　　) → (　　　) → (　　　) → (　　　) → (　　　) → 土佐

독해 지문&퀴즈 해석

일본 최초의 국제인, 존 만지로

1841년 1월, 도사(지금의 고치현)의 바다에서 물고기를 잡고 있던 배가 강풍으로 500km나 떠내려가서 무인도에 도착했다. 배에서 내린 5명은 빗물을 마시거나 생선이나 새를 먹으며 구조가 오기를 기다리고 있었다. 그리고 5개월 후에 미국 배가 그 섬에 와서 5명은 구조되었다. 하지만 그때 일본에는 '일본인은 외국에 가서는 안 된다. 외국인이 일본에 들어와서도 안 된다'는 규정이 있었기 때문에 선장은 일본이 아닌 하와이에서 5명을 배에서 내리게 했다.

그런데 14세의 만지로는 배 안에서 약간 영어를 배워 '미국에 데려가 줘요'라고 선장에게 부탁했다. 만지로는 선장에게 '존 만'이라는 이름을 받고 그대로 배를 타고 미국으로 가서 선장의 집에 살게 되었다. 그리고 학교에도 다니게 되었다. 만지로는 열심히 공부해서 영어를 할 수 있게 되었다. 대학을 졸업하고 나서는 배를 타고 전 세계의 바다에서 고래를 잡는 일을 했다. 그리고 1850년에 자신의 배를 구입해서 그 배를 타고 일본에 돌아왔다.

귀국한 만지로는 나가사키에서 1년 반 동안 미국에서 무엇을 했는지 조사받았는데, 1852년에 집에 돌아올 수가 있었다. 그리고 영어 교사가 되었다.

하지만 그 다음 해, 만지로는 에도(지금의 도쿄)에 불려갔다. 미국에서 '흑선(검은 배)'이라고 불리는 배가 왔기 때문에 통역을 하게 된 것이다. 그 후에도 만지로는 대학교에서 영어를 가르치는 등, 72세에 도사에서 생을 마감할 때까지 나라를 위해 여러 가지 일을 했다.

Q 퀴즈 도전하기! 만지로가 생활했던 장소는 어디인가요? 순서대로 써 주세요.

도사 → ( ) → ( ) → ( ) → ( ) → ( ) → 도사

어휘

国際人 국제인 | 船 배 | 流す 떠내려 보내다 | 無人島 무인도 | 着く 도착하다 | 雨水 빗물 | 助ける 구조하다 | 船長 선장 | 降ろす 내려주다 | 覚える 기억하다 | たのむ[頼む] 부탁하다 | 通う 다니다 | いっしょうけんめいに 열심히 | 卒業 졸업 | 世界中 전 세계 | 鯨 고래 | 調べる 조사하다 | 教師 교사 | 呼ぶ 부르다 | 通訳 통역 | 教える 가르치다 | 亡くなる 사망하다, 생을 마감하다

DAY 59 日本料理セミナー 일본 요리 세미나

Q 퀴즈 도전하기!

今日は一日、「日本の料理」セミナーに参加します。「日本料理を作る」の講座には申し込んでありますが、ほかに受ける講座は会場に行ってから決めるつもりです。10時10分に会場に着きました。これから参加できるのはどれですか。（　　）

a 「日本料理と健康」　　b 「江戸時代の料理」
c 「日本料理の歴史」　　d 「日本料理を作る」

「日本の料理」セミナー
プログラム

A会場	B会場
「日本料理と健康」 10:15～11:00 和食が体にいい理由を知りましょう。お話は料理研究家の青木花先生です。 ※前日までに申し込んでください。	**「正月料理の意味」** 10:00～11:00 正月に食べる料理一つひとつの意味を知りましょう。 ※途中からは入れません。
「江戸時代の料理」 11:15～13:00 今から200年ほど前の料理を食べてみましょう。 ※午前9時から10時まで受付でチケットを配ります（30名）。チケットがないと、参加できません。	**「日本料理の歴史」** 11:30～13:15 日本ではどんな料理が食べられてきたのか、知りましょう。
「日本料理クイズ」 14:30～16:00 クイズを楽しみながら、日本の料理を知りましょう。プレゼントもあります！	**「日本料理を作る」** 13:30～16:30 かんたんな日本料理を作ってみましょう。 ※前日までに申し込んでください。

독해 지문&퀴즈 해석

Q 퀴즈 도전하기!

오늘은 하루 동안 「일본 요리」 세미나에 참가합니다. '일본 요리를 만들다' 강좌에는 신청이 되어 있는데, 따로 수강할 강좌는 세미나장에 간 후에 결정할 생각입니다.
10시 10분에 세미나장에 도착했습니다. 지금부터 참가할 수 있는 강좌는 어느 것인가요?

a '일본 요리와 건강' b '에도시대의 요리'
c '일본 요리의 역사' d '일본 요리를 만들다'

「일본 요리」 세미나
프로그램

A세미나장	B세미나장
'일본 요리와 건강' 10 : 15 ~ 11 : 00 일본 음식이 몸에 좋은 이유를 알아봅시다. 강의는 요리연구가인 아오키 하나 선생님입니다. ※전날까지 신청해 주세요.	'설날 요리의 의미' 10 : 00 ~ 11 : 00 설날에 먹는 요리 한 가지 한 가지의 의미를 알아봅시다. ※도중에 들어오실 수 없습니다.
'에도시대의 요리' 11 : 15 ~ 13 : 00 지금부터 약 200년 전의 요리를 먹어 봅시다. ※오전 9시부터 10시까지 접수처에서 티켓을 배부합니다(30명). 티켓이 없으면 참가하실 수 없습니다.	'일본 요리의 역사' 11 : 30 ~ 13 : 15 일본에서는 어떤 요리를 먹으며 살아왔는지 알아봅시다.
'일본 요리 퀴즈' 14 : 30 ~ 16 : 00 퀴즈를 즐기면서 일본의 요리를 알아봅시다. 선물도 있어요!	'일본 요리를 만들다' 13 : 30 ~ 16 : 30 간단한 일본 요리를 만들어 봅시다. ※전날까지 신청해 주세요.

어휘

一日 하루 | セミナー 세미나 | 参加 참가 | 講座 강좌 | 申し込む 신청하다 | 受ける 받다 | 会場 행사장 | 決める 정하다 | 着く 도착하다 |
健康 건강 | 江戸時代 에도시대 | 歴史 역사 | プログラム 프로그램 | 和食 일식(일본 음식) | 研究家 연구가 | 受付 접수처 | 配る 배부하다 |
チケット 티켓 | クイズ 퀴즈 | 楽しむ 즐기다 | 正月 설날 | 途中 도중 | かんたんな[簡単な] 간단한

DAY 60 本の紹介 도서 소개

DAY_60

Q 퀴즈 도전하기!

女の人と男の人が本屋で本の紹介を読みながら、話しています。

女の人はどの本を買いますか。（　　　）

a

『うちの楽しい家族』

著者：山下高太郎

今年一番おもしろい本！
笑って、すっきりしましょう！

b

『朝のしずかな海』

著者：大森有一

読んだら、あなたも泣いてしまうでしょう。そして、心があたたかくなります。

c

『このプレゼントをあげる』

著者：前川春

楽しいパーティーにだれも知らない人が一人…。この男はだれ？
ちょっとこわい話です。

d

『約束したのに』

著者：小山なおこ

サッカー選手になるのが夢だった…。16歳で死んでしまった大切な息子・ノゾミの物語。

독해 지문&퀴즈 해석

Q 퀴즈 도전하기!

여자와 남자가 서점에서 책 소개를 읽으면서 이야기하고 있습니다.
여자는 어느 책을 살까요?

a

『우리 집의 즐거운 가족』
　　　저자 : 야마시타 고타로
올해 가장 재미있는 책!
웃고 개운해집시다!

b

『아침의 조용한 바다』
　　　저자 : 오모리 유이치
읽으면 당신도 울어 버릴 것입니다. 그리고 마음이 따뜻해질 것입니다.

c

『이 선물을 줄게』
　　　저자 : 마에카와 하루
즐거운 파티에 아무도 모르는 사람이 한 명…. 이 남자는 누구? 조금 무서운 이야기입니다.

d

『약속했는데』
　　　저자 : 고야마 나오코
축구 선수가 되는 것이 꿈이었다…. 16살에 하늘나라로 가 버린 소중한 아들 노조미의 이야기.

어휘

本屋 서점 | 紹介 소개 | 買う 사다 | 楽しい 즐겁다 | 著者 저자 | 今年 올해 | 笑う 웃다 | すっきりする 개운해지다, 후련해지다 | しずかな[静かな] 조용한 | 海 바다 | 泣く 울다 | あたたかい 따뜻하다 | プレゼント 선물 | あげる 주다 | パーティー 파티 | こわい[怖い] 무섭다 | 約束する 약속하다 | サッカー 축구 | 選手 선수 | 夢 꿈 | 大切な 소중한 | 息子 아들 | 物語 이야기

LEVEL 3   135

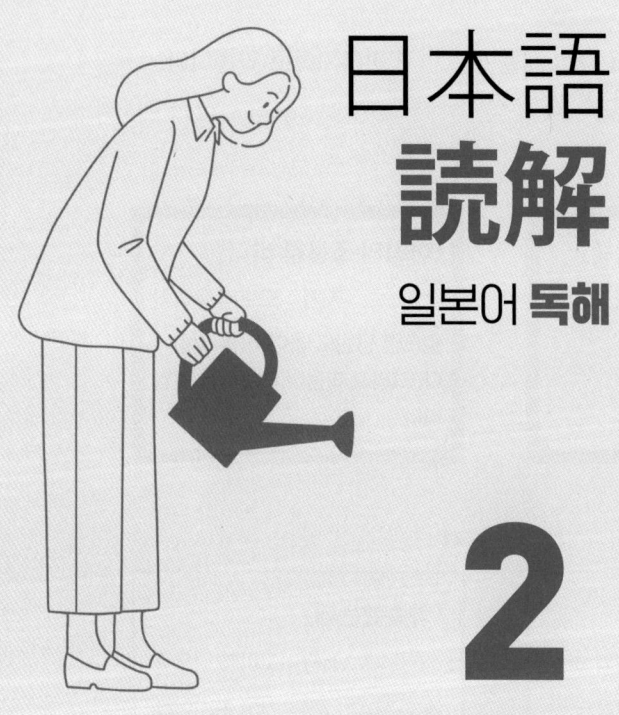

日本語 読解
일본어 독해

2

특별 부록

☑ 퀴즈 도전하기 정답&스크립트

퀴즈 도전하기 정답&스크립트

DAY 01
b

DAY 02
c, e

DAY 03
b

DAY 04
① ×   ② ×   ③ ○

DAY 05
c

DAY 06
b

DAY 07
d

DAY 08
c

DAY 09
b

DAY 10
b → d → c → a → e

DAY 11
b

DAY 12
b

****

Q 試験の前に、担当の人が説明しています。女の人は何の時間について質問しましたか。

M1(担当者): みなさん、今日はつなぐ貿易の入社試験を受けに来ていただき、ありがとうございます。まずは、みなさんの机の上の「入社試験の注意」と書いてある小さい紙をごらんください。初めに筆記試験、次に作文です。昼休みの後、最後が面接です。何か質問があれば、どうぞ。

F(受験者): あの、すみません。いつも辞書のアプリを使ってるんですが、いいでしょうか。

M1(担当者): えっと…、ああ、これですね。スマホの辞書は使わないでください。

F(受験者): わかりました。

M2(受験者): 休み時間はスマホが使えますか。

M1(担当者): はい、どうぞ。フリーのWi-Fiもあります。

스크립트

M1(담당자) : 여러분, 오늘 쓰나구무역 입사시험을 응시하러 와 주셔서 감사합니다. 우선은 여러분 책상 위의 '입사시험 주의사항'이라고 적힌 작은 종이를 봐 주십시오. 처음은 필기 시험, 다음에 작문입니다. 점심시간 이후에 마지막이 면접입니다. 뭔가 질문이 있으면 말씀해 주세요.

F(응시자) : 저, 저기요. 항상 사전 앱을 쓰고 있는데요, (사용해도) 될까요?

M1(담당자) : 음…, 아~, 이것이군요. 스마트폰 사전은 사용하지 말아 주세요.

F(응시자) : 알겠습니다.

M2(응시자) : 쉬는 시간에는 스마트폰을 쓸 수 있습니까?

M1(담당자) : 네, 사용하세요. 무료 와이파이도 있습니다.

DAY 13
① ○　② ×

DAY 14
a

DAY 15
①　ほかの社員と力を合わせて働ける人
②　・その会社でやりたいこと
　　・その会社でやりたいと思った理由
　　・その会社でなければできないこと

DAY 16
a

DAY 17
c

DAY 18
a

DAY 19
d

DAY 20
① ×　② ○

DAY 21
b

DAY 22
HAカプセルを朝食と夕食の後に1つ、ツナーグを夜寝る前に1袋

DAY 23
b

DAY 24
c

＊＊＊＊＊＊＊＊＊＊＊＊＊＊＊＊＊＊＊＊

Q　男の人と女の人がカラオケ店のホームページを見ながら話しています。どの部屋を予約しますか。

M：忘年会の後のカラオケを予約しようと思うんですけど、ここ、どうでしょうか。

F：へえ、安いですね。駅に近いし、いいと思います。忘年会に何人参加するんですか。

M：18人です。あ、う～ん。みんな一緒に入れる部屋はありませんね。加藤部長と山本課長と前川課長はこの小さい部屋で、ほかの人はこの大きい部屋にしましょうか。

F：え？　忘年会ですから、部長も課長も一緒がいいですよ。全員を半分に分けましょうよ。

M：そうですね。じゃあ、これですね。

스크립트
M：송년회가 끝난 후에 노래방을 예약하려고 하는데요, 여기 어떨까요?

F：우와, 저렴하네요. 역에 가깝고 괜찮은 것 같아요. 송년회에 몇 명 참가해요?

M：18명이에요. 아, 음~. 모두 함께 들어갈 수 있는 방은 없네요. 가토 부장님과 야마모토 과장님과 마에카와 과장님은 이 작은 방에서, 다른 사람들은 이 큰 방으로 할까요?

F：어? 송년회라서 부장님도 과장님도 함께 하는 것이 좋아요. 인원 전체를 반으로 나눕시다.

M：그렇네요. 그럼, 이 방이네요.

DAY 25
6月20日から6月26日まで、文化センターで、「私の国はどこ ～世界難民の日～」写真展があります。

DAY 26
Q1　① ×　② ○
Q2　c

DAY 27
a

DAY 28
b

DAY 29
（例）C型の名前が0（ゼロ）型になって、その後、O（オー）型に変わりました。

DAY 30
Q1 ① × ② × ③ ○
Q2 b

DAY 31
Q1 40歳
Q2 c

DAY 32
Q1 ① ○ ② × ③ ×
Q2 5,100円

DAY 33
① （例）つくえ → えいが → ガラス
② （例）タイ → イギリス → スイス
③ （例）えいが → いえ → ケータイ
④ （例）いす → とけい → パスポート

DAY 34
Q1 ① ○ ② × ③ ○
Q2 （例1）細菌は一つの細胞でできていますが、ウイルスは細胞を持っていません。
（例2）細胞は自分の体を半分に分けてどんどん増えますが、ウイルスは細胞の中に自分のDNAを送って自分のコピーを作って増えます。

DAY 35
c

DAY 36
d

＊＊＊＊＊＊＊＊＊＊＊＊＊＊＊＊＊＊＊

Q 女の人と男の人がメモを見ながら、話しています。どのメモを見ていますか。

F：ただ今戻りました。
M：お帰りなさい。お疲れさまでした。
F：あ、山川さん、たくさんメモ、ありがとうございました。
M：いえいえ。あ、これなんですけど…、電話番号、聞くのを忘れてしまったんです。申し訳ありません。わかりますか。
F：ああ、この方ですね。大丈夫ですよ。わかります。
M：すみません。よろしくお願いします。

스크립트
F : 지금 돌아왔습니다.
M : 어서 오세요. 수고하셨습니다.
F : 아, 야마카와 씨, 많은 메모 감사합니다.
M : 아니에요. 아, 이것 말인데요…, 전화번호 묻는 것을 깜빡해 버렸어요. 죄송합니다. 아세요?
F : 아~, 이분이군요. 괜찮아요. 알아요.
M : 죄송합니다. 잘 부탁드립니다.

DAY 37
Q1 ① ○ ② × ③ ×
Q2 緊張することに慣れます。

DAY 38
Q1 ① × ② × ③ ○
Q2 5,000円（半額）を返してもらいます。

DAY 39
Q1 c

Q2 (例) 10月4日までに受付に申込書と学費20,000円を持って行きます。

DAY 40
Q1 ① ×　② ○　③ ×

Q2 (例) 悲しい気持ちが強いのに、「泣いてはいけない」と思ったからです。

DAY 41
Q1 ① 前川さん
　　② 山口さんと前川さんの弟（前川真二さん）
　　③ 中田さん

Q2 前川さんが山口さんを心配しています。

DAY 42
Q1 ① ×　② ×　③ ○

Q2 (例) 本当かどうかわからない情報をほかの人に伝えた人がたくさんいたからです。

DAY 43
Q1 ① ×　② ×　③ ○

Q2 a

DAY 44
Q1 a

Q2 ① ○　② ×　③ ○

DAY 45
Q1 c → b → d → a

Q2
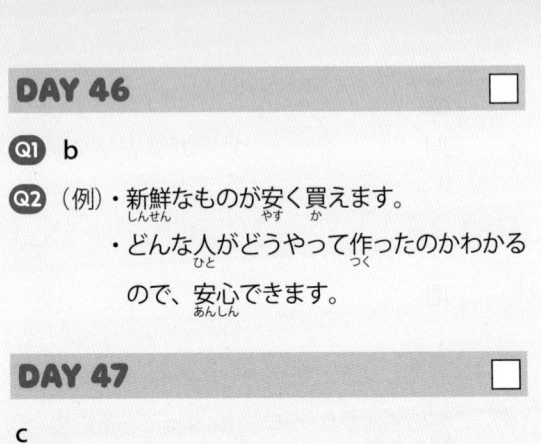

DAY 46
Q1 b

Q2 (例)・新鮮なものが安く買えます。
　　・どんな人がどうやって作ったのかわかるので、安心できます。

DAY 47
c

DAY 48
c

＊＊＊＊＊＊＊＊＊＊＊＊＊＊＊＊＊＊

Q 女の人と男の人がプレゼンテーションの資料を見ながら話しています。女の人はこの後、どの部分を直しますか。

F：課長、資料を直したので、見ていただきたいんですが。

M(課長)：はい、いいですよ。えっと…。お客様がイベントにいらっしゃった時間と人数のグラフは直したんですね。前のよりわかりやすくなりましたよ。

F：ありがとうございます。

M(課長)：イベントも商品も、よかったという答えが多かったんですね。どれぐらいの数だったのかも知りたいなあ。

F：では、こちらもグラフにします。商品の写真がちょっと小さいでしょうか。

M(課長)：いえ、そんなことはないと思いますよ。じゃあ、よろしく。

F：はい、わかりました。

스크립트

F : 과장님, 자료를 수정했으니까 봐 주셨으면 합니다만.
M(과장) : 네, 좋아요. 음…. 손님이 행사장에 오신 시간과 인원수의 그래프는 수정했군요. 이전 자료보다 알아보기 쉬워졌어요.
F : 감사합니다.
M(과장) : 이벤트도 상품도 좋았다는 답변이 많았네요. 어느 정도의 수치였는지도 알고 싶네.
F : 그럼, 이것도 그래프로 만들겠습니다. 상품 사진이 좀 작을까요?
M(과장) : 아니요, 그렇지는 않은 것 같아요. 그럼, 잘 부탁해요.
F : 네, 알겠습니다.

DAY 49
① ×　② ×　③ ○
④ ○　⑤ ×

DAY 50
Q1 b
Q2 ① 使わないほうがいいと考えています。
② 「ビジネスの連絡に顔文字は合わない」と考える人が少なくないからです。

DAY 51
Q1 ① ○　② ×　③ ×
Q2 （例）家を建てたり修理したりするために、おおぜいの男の人が江戸に来て、そばやすしを店で食べたからです。

DAY 52
Q1 ① ○　② ×　③ ○
Q2 （例）・買い物が便利になります。
・観光客が増えます。

DAY 53
Q1 ① ○　② ×　③ ○
Q2 a

DAY 54
a

DAY 55
Q1 c
Q2 （例）機械に何かを話したり、機械から出てきた音を聞いたりすることは、コミュニケーションとは言えないからです。

DAY 56
Q1 ① ○　② ×　③ ○
Q2 （例）防犯カメラがあちこちにあると、いつだれとどこで何をしていたのかを、ほかの人に知られてしまうからです。

DAY 57
Q1 ① ○　② ×　③ ×
Q2 つなぐガスサービスの担当者が、山口さんの部屋で、ガス器具の点検をします。

DAY 58
土佐 → 無人島 → アメリカ → 長崎 → 土佐 → 江戸 → 土佐

DAY 59
c

DAY 60
b

＊＊＊＊＊＊＊＊＊＊＊＊＊＊＊＊＊＊

Q 女の人と男の人が本屋で本の紹介を読みながら、話しています。女の人はどの本を買いますか。

F：最近読んだ本でおもしろいの、あった？

M：うん。そうだなあ。これとこれと…、あと、これとこれかな。おすすめだよ。この家族の話は、ほんとにおもしろくて、笑いながら読んだよ。

F：へえ。おもしろい話、いいね。私、こわい話とか悲しい話は好きじゃないの。

M：じゃあ、これはだめだな。このパーティーの話、ちょっとこわいから。

F：この本はどう？ 小説の名前はきれいだけど、悲しい話なの？

M：ううん。悲しくて泣いちゃうんじゃなくて、幸せな気持ちになる話なんだよ。

F：へえ、おもしろそう。じゃあ、これにする。

스크립트

F : 최근에 읽은 책 중에 재미있는 것, 있었어?

M : 응. 어떤 책이냐면 이것하고 이것하고…, 또 이것하고 이것이다. 추천할게. 이 가족 이야기는 정말 재미있어서 웃으면서 읽었어.

F : 우와. 재미있는 이야기 좋네. 나는 무서운 이야기라든가 슬픈 이야기는 안 좋아해.

M : 그럼, 이것은 안 되겠네. 이 파티 이야기는 좀 무서우니까.

F : 이 책은 어때? 소설 제목은 예쁜데, 슬픈 이야기야?

M : 아니. 슬퍼서 울게 되는 것이 아니라 행복한 기분이 되는 이야기야.

F : 우와, 재미있을 것 같아. 그럼, 이것으로 할래.

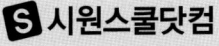